JN065721

得する「なまえ」×損する「なまえ」

「いろはに千鳥」専属占い師
山本若世

WAVE出版

はじめに

「えっ？ 名前が原因だったの？」

あなたは、運が良い方ですか。

私のサロンには、さまざまな悩みを抱えた方が相談にみえます。

仕事、人間関係、健康、お金……。悩みの種類はさまざまです。

お名前、生年月日、手相を見て、お話をうかがいます。**なんだかうまくいかない、運がない、この先どうすればいいのかわからない、**などさまざまなお話をおうかがいしますが、その悩みの原因が名前だとはだれも思っていません。

と言うより、ほとんどの方はご自身の名前に興味を持っていません。

少なくとも、「名前を変えることで運が良くなる、現実が変わる、悩みが解決する」とは、ほとんどの方が思っていない、と言っても差し支えないでしょう。

ところが、**あらゆる悩みや問題解決に最強なのが、名前を変えること**、つまり「改名」なのです。

もちろん、単に名前を変えるだけで思い描いた理想が一瞬にして現実になるわけではありません。しかし、日々積み重ねている努力が報われて、才能に光が当たるような「運」を身につけることができるのです。**「運も実力のうち」**です。

名前で損しないでください。

改名こそ、最強の開運手法です。

「改名」と聞くと「芸名」や「ペンネーム」のことを想像され、「私は会社員なので改名するのは無理なのでは？」と思われる方も多いと思います。

たしかに戸籍を変えることは手続きがたいへんですが、**戸籍を変えない「改名」は、職業に関係なくできます。**

実際、みなさんの周囲にも、結婚前の「旧姓」でお仕事をされている女性がたくさんいらっしゃると思います。

また、外資系、あるいは海外とのやりとりが多い企業などでは、外国人が呼びやすい「ニックネーム」を使われている方も増えています。今後は、個人情報やプライバシーの問題などからも、本名を使わないことを認める企業も増えるでしょう。

プライベートシーンでは、ＳＮＳのハンドルネームやアカウント名、趣味の雅号や俳号など、年齢性別を問わず複数の名前を持つ人も増えました。

テレビなどのメディアでも名前や改名についてよく取り上げられるようになり、「名前」に対する見方もずいぶん変わってきたように思います。

私がこれまでサロンでお客様におこなってきた**「戸籍を変えない改名」は、保険証や免許証、パスポートや銀行名義など以外、生活の中で使う名前のすべてを変えるもの**です。

仕事もプライベートも、すべてにわたって新しい「なまえ」（以下、改名後の名前を「なまえ」と表記します）で生活していきます。ご自身はもちろん、家族や仕事の関係者など、周囲からも改名した「なまえ」で呼んでもらうようにします。**本書では、この戸籍を変えない改名の結果と方法を説明していきます。**なぜなら、良い「なまえ」は、使えば使うほど運気が上がるからです。

最初は、みなさん半信半疑です。

でも、日々を新しい「なまえ」で生活していくと、気づけば「あれ！？」ということが、次々に起きてくるのです。そして数カ月すると、「びっくりしました！　先生の言うとおりでした！」と、納得してくださる方が少なくありません。思ってもみなかった展開になっている人もいます。子どもが授かるという奇跡に思えることも起きたり。
もちろんすべての人ではありませんが、そんな嬉しい声を、実際にたくさん
聞いてきました。

運は縁。
名前を変えると、かかわる人が変わってきます。
名前を変えると、自分の名前に合った良いご縁がやってきます。

運は縁。
名前を変えると、運が開けます。
名前を変えると、お金がまわってきます。

私は、人の運は平等ではないと思っています。
だからこそ、**もっと名前に注目してほしい**のです。

いまの日本は、税金は上がり、年金は期待できず、年齢と共に昇給し続けることもなく、努力しても、貧富の格差がどんどんひらく……なかなか厳しい時代です。ふつうに考えると、本物、実力あるものが生き残るでしょう。ですが、努力して実力がある人はみんな、うまくいくのでしょうか。

実力プラス「運」が必要です。

最強の名前には、最強の「運」が宿っています。
どんなに厳しい現実でも、悠々と生き抜くことができます。

本書は、名前の持つ力を説明するとともに、その力を最大限に活かせる**セルフ改名**の方法を書いています。改名するという意志とノートとペンで、最強の運を身につけてください。

山本　若世

得する「なまえ」×損する「なまえ」 目次

第2章 ▼ いまの名前で損していませんか ～得する画数と損する画数

第3章 ▼「なまえ」で自分の現実を変える ～セルフ改名例15姓

第4章 ▼ 名前を変えて得した人たち ～ケーススタディ

第5章 ▼ 最強の「なまえ」の鍛え方

第1章

9割の人は名前で損をしています

~セルフ改名とは

1 なぜ、あの人ばかりが？ と思いませんか？

なぜ、あの人だけ上司とうまくやれるのだろう？
なぜ、あの人のところには、良い仕事が舞い込んでくるのだろう？
なぜ、あの人は好きな仕事ができて、さらに成功できているのだろう？
なぜ、あの人はいつも朗らかな気持ちで働けているのだろう？
なぜ、あの人はパートナーと幸せな暮らしができているのだろう？
なぜ、人並みの外見で性格も悪くないのにモテないのだろう？

同じように努力しているのに、なぜ結果が出ないのだろう？
同じような実力なのに、なぜ評価されないのだろう？

「たいして実力は変わらないのに、なぜ？」

そんな疑問がふと浮かんだら、一度、名前を見てみてください。

結果を出しているのは才能の有無だけなのでしょうか？


才能がある人が、みんな仕事がうまくいっているとは限りません。才能がある人が、みんな幸せであるとも限りません。

努力するから、実力や才能があるから上に上がっていくとは限りません。努力しても、**実力や才能があっても結果が現れない人はたくさんいます**。

そんな時、人は名前と目の前の現実を結びつけて考えることはしません。名前で運を逃している、損しているなんてまったく思っていません。

スキルを高めるハウツー本を買ってみたり、足りないスキルを補うべく、何か別の努力を始めたり、自分の性格に原因があるのかと思い悩んだり、自分に一体何が足りないのだろうかと途方に暮れたりはしますが。

そういう人こそ、名前を変えてほしいのです。

名前が良くなると、努力がどんどん報われるようになります。 実力や才能がどんどん評価されるようになります。良いご縁もやってくるようになり、ストレスが軽減されたり、健康的になったりとすべて良い流れに変化していきます。

第1章のタイトルを、「9割の人が名前で損しています」としましたが、運がないと思っている人はそのくらいの気持ちで、改名を考えてほしい。そう思って、あえてこのタイトルにしました。

その人の努力や能力がきちんと評価されるように、表に出して、押し上げてくれるのが、名前の力なのです。

能力も意欲も高いのに、なぜか転職に苦労している人。
顔も性格も悪くないのに、なぜか彼氏彼女ができない人。
年収も悪くないのに、なぜか結婚相手にめぐり合えない人。

同じ環境で育ったのに、兄弟姉妹の中で自分だけ病弱という人。

「自分はツイていない」
「能力が正当に評価されない」
「お付き合いが結婚にまで発展しない」
「同じ親から生まれたのに世の中って不平等」

と、あきらめないでください。

「それは一体なぜなのだろう？」と考えたとき、**アンラッキーや世の中の不平等を嘆く前に、自分の名前を見直してほしいのです。**名前で損していないか一度確認してほしいのです。

たかが名前なんてと思わずに、名前こそがあなたの人生を動かしていると、とらえてください。

運の良い名前の人は1割もいない？

私のところには、さまざまな悩みや問題を持った方がお見えになります。

なかには、就活や転職で「A社とB社から内定をもらったが、どちらを選ぶべきか相談に乗ってほしい」というケースもありますが、もっと悩みが漠然としてモヤモヤした状態で来られる方も、とても多いです。

「先生、私、将来が不安なんです。なんとか運気を上げたいのですが、これからどうしたらいいでしょう」と。

やはり、いちばん多いのは、「会社や上司とうまくいかない（人間関係のもめごと）」「職場の人間関係がうまくいかず、転職を繰り返してしまう」「夫婦関係がいまひとつギクシャクしている」「彼氏ができない」というような人間関係に関する悩みです。

そういう方の名前を見ると、やはり、その悩みが名前に出ています。「ああ、これじゃあ大変だろうな」と。

私の経験上、トラブルや悩みを抱えている人のほぼ9割は名前が良くありません。その方の名前を見ると「ああ、やっぱり」と思うことがほとんどです。**名前を見て「こんなに良い名前なのに、なぜ?」という人は、私が経験する限り1割程度です。ほとんどの人が、名前で運を逃し、損しているの**です。

最初から「名前を変えたい」という方は、ほとんどいらっしゃいませんし、ほとんどの方は、ご自分の悩みの原因が名前にあるとは気がついていません。

ですから、実際にお会いしてお話をうかがって、私の方から、「本当に運気を上げたいとお考えなら、名前を変えたらどうですか」とお伝えします。改名を受け入れるかは、本人次第ですが、改名をすると決めた方は、良い波に乗っかり、どんどん良い流れに進んでいきます。

3 名前が現実をつくり出している？

「運が良くなる名前」というものがあります。運とは生活を丁寧に送っている謙虚な人とところにやってくると言うのも本当でしょう。しかし、私からみると、**どんなに努力をされて人柄の良い方でも、名前が良くない人には良い運が寄ってきていないと言えます。**つまり、運が良い人は、良い名前を持っているのです。

良い名前というのは、「整った名前」ということです。名前が整っていれば、現実も整っていきます。

整った名前は、行動や、縁や、出会いを誘導してくれます。**整った名前は人**

生をバラ色に変えてくれるのです。

私は「まず名前ありき」と考えます。「名前が先か現実が先か」ということになると、完全に、名前が先ということです。名前が現実をつくっています。

ですから、**現実を変えたかったら、名前を変えること**です。

名前を変えると現実が変わってきます。

縁遠い人が名前を変えると、結婚のご縁がやってきます。

体の弱い人が名前を変えると、丈夫になります。

職場に悩む人が名前を変えると、理想の職場に転職できます。

損する名前だと運は続かない！

良い名前は、あなたの望む現実をつくります。

仕事が成功して、家庭にも恵まれ、健康なバランスのとれた理想の現実を引き寄せてくれます。

そして、その現実を継続させてくれます。良い名前を使っている限り、一時的なものでは終わらず、**望む現実が続いていく**のです。

一方、整っていない名前の人でも、いまは、仕事が成功している、お金持ちである、何もかもうまくいっているという人もいると思います。だから、別に名前なんて気にしないという人も。

では、この場合は、整っていない名前でも損しないのでしょうか。

名前には流年法という見方があります。詳しくは2章で説明しますが、名前によっては、40代までは運が良いけど、50代以降は良くないということがあります。

つまり整っていない名前だと、いまは良くても、そのうち運が中断してしまうということです。

運が中断すると、突然、困ったことが発生したり、うまくいっていたことがうまくいかなくなったり。苦労をして、せっかく築いてきたものを手放さざるを得なくなってしまったり。

運がガラリと悪い方に変調する可能性を秘めいています。結局、整った名前でないと、損してしまうのです。

仕事、特に商売なんかは継続できるかが重要です。

人間関係や結婚生活も同じです。

凶画数はほとんどが「中断」という意味が含まれています。

仕事が中断、人間関係（結婚生活）の中断、健康の中断……。

もちろん、どんな人でも、生きていればつまずくこともあります。しかし、**良い名前を持っていると、立ち上がるパワーが絶大です。**

つまずきっぱなしではない。つまずいた時をチャンスに変えるパワーが強いのです。良い転機に変えてしまうパワーが良い名前にはあります。

そして、本当に良い名前は、**仕事、家庭、健康などあらゆる面でバランスのとれた人生に導く**のです。

バランスのとれた人生は、整った名前を使っている限りは消えることなく継続します。

それが名前の力（パワー）なのです。

5 良い人に出会いたいなら！

運とは縁です。

良い「運」をくれるのは良い「縁」です。仕事、人間関係、健康、結婚……、すべては縁によってもたらされるものです。

良縁なら、これらがうまくいきますし、逆に、悪縁にはまると仕事も人間関係も健康も結婚も、うまく回っていきません。

「運の良い人」というのは、「良い縁を持っている人」です。

いわゆる「持っている人」とは、「（良い縁を）持っている」人です。

地位がある、お金がある、健康である人、それらは名前が運んでくる縁によってもたらされたもの。

良い名前は、良い縁を運んできてくれます。
良い名前が、良い縁を引き寄せるのです。
良い縁が良い人に出会わせてくれます。

6 お金がもっとほしいなら！

「自分としてはじゅうぶん努力しているつもりだけれど、もっと経済的に恵まれたい。金運を上げたい」という相談もよくお受けします。

健康や人間関係は一見、金運（お金）と関係なさそうに思われがちなのですが、すべてはつながっています。

心身ともに健康であれば、働くことができて、お金を生み出せますし、人間関係が良くなれば良い仕事に恵まれ、金運も上がってきます。

さらに「金運と名前」の関係で言えば、実は、名前は「くじが当たる」といった一見偶然のように見える出来事も、引き寄せることができます。

つまり、良い「なまえ」は、金運だけでなく、仕事運も人間関係運（結婚運を含む）もトータルとして引き寄せてくれるのです。

本書で推奨する「セルフ改名」は、膨大な姓名判断の内容から基本的な要素だけを抽出して、そのエッセンスを凝縮し、

「①仕事、②人間関係、③健康が整う改名」を目指しました。**これらが整ってくると当然、金運もついてきます。**

改名によって環境が整ってくると不思議なことに、「私ってツイてない？」「なぜ私だけ？」という「アンラッキー感」が減ってきます。

だんだん「運に見放されているのでは？」という不安やモヤモヤがなくなり

ますので、2章以降のセルフ改名の準備、3章の実践をよく読んで、ぜひセルフ改名にトライしてみてください。

7 名前を変えると笑顔になる?!

「笑顔が幸運を運ぶ」
「笑顔が金運を呼び込む」
「成功者ほど笑顔を絶やさない」

このように笑顔と幸福や金運がつながっている、と言うことは、みなさんもよく耳にされていることでしょう。

笑いのあるところに良縁が生まれ、良縁が金運を上げる。笑顔と開運は切っても切れない深い関係があります。

ここに「名前」が深くかかわっていることをご存知でしょうか。

笑顔―良縁―金運、という「開運のスパイラル」とも言うべき好循環の起点になっているのが、実は「名前」なのです。

名前が良くなれば運気が上がり、運気が上がれば、笑いが生まれるからです。

名前というのは現実であり、内面であり、「命」そのものです。名前を変えると、内面が変わります。人間力が上がり、人間性が変わるのです。

内面が変わると、見た目も変わってきます。名前を変えると、怒りっぽい人が温厚に、穏やかになります。

名前で人柄（ひとがら）が変わった方、笑顔が増えて外見の印象も大きく変わった方を、私は何人も見てきました。

名前によってその人の魅力がじゅうぶんに引き出され、温厚になって笑顔が生まれ、その笑顔によって、運気が上がるのです。

8 名前を変えると、顔が良くなる?!

整った名前の人は、美しい顔をしています。

「いい顔」をしているのです。

それは、名前によって内面の美しさが引き出されて、顔に現れてくるからです。

整った名前は、心身を健やかにしてくれます。

どんよりと曇った心が晴れていき、勢いや怒りを爆発させてしまって後悔するようなことが少なくなります。よって、人間関係が改善します。

そして、**人生を前向きに楽しんでいるので、自然と笑顔になります。**すると、瞳が輝き、肌ツヤが良くなります。顔が良くなるのです。周囲の人もそれに気づき、良い仕事が、良い縁が舞い込んできます。

これが開運の良いスパイラルです。

「名前を変える」という「形」から入ることで、内面が変わり、顔に現れてくるのです。

良い「なまえ」で人生をリセットしませんか？

良い名前は運気を上げてくれます。

良い「なまえ」への改名は人生のリセットであり、いま目の前で起こっている「現実を180度変える」最強のツールです。

過去は過去で、色々あって変えられないものですが、改名によって、もう一度、強運を持つ新しい人生を始めることができるのです。

改名した「なまえ」は、目に見えない鎧（よろい）です。

整った名前は悪いものをはねのけます。悪いものからあなたを守ってくれます。悪縁は繋がらず、良いご縁しか入ってこなくなります。

詐欺にあったり、あなたに損害をもたらす人とは、つながりません。

名前を変えた瞬間に、人生が変わり始めます。そして、名前を使えば使うほど、その強運を持つ人生が事実となっていきます。

私の人生を変えた「なまえ」

私自身は20代後半に改名をして、人生が大きく変わったひとりです。いま、こうして「開運トレーナー」を職業にしているのも、「なまえ」の力があってこそ、なのです。

ここで、改名によってどのように私の人生が大きく変わったのかを、簡単に、説明しておきます。

私は22歳の時に大病をしました。

3カ月の入院生活を経て、無事退院することができました。一命を取りとめたとはいえ、私の体調はすこぶる悪く、その後も入退院を繰り返し、20代のほとんどを病院で過ごしました。もちろん仕事などできません。

「私の人生はこれから先、いったいどうなってしまうのだろう……」と、不安でいっぱいでした。

かと言って、外に出ていくこともできませんでした。ただ自分の将来のことを知りたくて、占いに興味を持ち、独学で勉強を始めるようになりました。

当時、自宅の近所に赤ちゃんに名前をつけたりされる、姓名判断の先生がお住まいでした。たまたまその方とお知り合いになる機会を得た私は、自分の名前を鑑定していただいたのです。

すると先生は、「あなたの名前は良くありません。本当に命にかかわる状態ですね。このままだと、これから先もずっと綱渡りの人生を歩むことになりますよ。できるだけ早く改名した方が良いでしょう」という鑑定でした。

生まれた年月日は変えられませんが、自分の意志で名前は変えることができます。

できることは何でもやろうと、文字どおり「藁(わら)をもつかむ思い」で、改名したのが、今の「山本若世」という「なまえ」です。

30歳になる、少し手前のことでした。

では、それで何かが劇的に変わったかといえば、そうでもありませんでした。病気がそれ以上悪くなることはありませんでしたが、改名の効果をいまひとつ実感できずにいた、というのが正直なところです。

今、当時を振り返ってみるとよくわかるのですが、その頃の私は、本気でその名前を使っていなかったのです。

周りの人にも改名した「なまえ」を積極的に公表していませんでしたし、自分でやれる範囲だけで、なんとなく使っていただけでした。

でも、先生のお弟子さんなどに教わりながら、九星気学や手相、方位学など、さまざまな分野の勉強を続けていくと、「良い名前こそ最強の開運ツール」ということが、だんだんわかるようになってきたのです。

姓名判断の専門家が選んでくれた、**私の「なまえ」には最強のエネルギーがある。**それを活かさないのはもったいない。

「このなまえで、新しい自分の人生をつくっていこう」と、私が本気で覚悟を決めたのはその頃です。30歳を少し過ぎたあたりでした。

それからは毎日、自分でノートに書くことはもちろん、家族や友人にも「なまえ」で呼んでもらうように自分から伝えていきました。

すると、あれほど悪かった体調も回復。メキメキと元気になっていき、外にも出られるようになって、30代後半で現在のサロンを開業することができたのです。

さらに、良いご縁に恵まれて結婚もしました。

私が本書の5章で述べる、ノートに書く、公表する、などの「実践法」をおすすめするのは、この時の体験があるからです。

改名した「なまえ」は、それがどんなに整ったものであっても、ぼんやりなんとなく使うのと、本気で使うのでは、得られる効果が違うのです。

健康の回復、サロンの開業、結婚。

改名によって私の人生は一変しました。

20代、将来の不安を抱えながら病院ですごしていたことを思い出すと、新しい「なまえ」とともに、人生のスイッチが切り替わりました。

戸籍を変えない改名によって、私の人生は大きく変わりました。開運に関するいろいろな分野を勉強し、自分の身をもって体験しながら、名前の力を実感して、いまに至っています。

11 『いろはに千鳥』出演！

私がテレビ埼玉『いろはに千鳥』という番組の「専属占い師」として出演するようになったのは、２０１５年のことでした。

『いろはに千鳥』は人気お笑い芸人、千鳥ののぶさんと大悟さんが埼玉県内の各地をロケで巡る番組で、たまたま私のサロンのサイトが番組制作の方の目に留まり、出演依頼をいただいたのがきっかけです。

私は、お笑いの世界のことをまったく知りませんでしたし、もともと人前に出るのがそんなに好きな方ではないので、最初に出演のお話があった時は、お断りするつもりでした。

しかし、周囲の人に強くすすめられて、熟考の末、依頼をお受けすることになった、というのがご縁です。

とはいえ、この番組出演が『いろはに千鳥』の大ファンで、この本の編集担当でもあるKさんの目に留まり、こうして本の出版につながりました。

最初、私自身は番組出演をお断りするつもりでしたから、もし、周囲の人が「出なくていいんじゃないの」と言う人ばかりだったら、その後の展開も変わってこうして出版が実現することもありませんでした。

私の行動を変え、現実を変え、結果的に運を上げてくれる人と巡り会えたのも、改名によるなまえの力が引き寄せた現実です。

お笑い芸人ダイアンのユースケさんの改名

２０１９年3月、千鳥さんと仲の良い後輩芸人、**ダイアンの西澤祐介さんが改名するという企画がありました。**

番組でオンエアされることはありませんでしたが、実際に改名を決断されるまでにいろいろな議論がありましたし、ご本人も長年使ってきた名前を変えることに抵抗がないわけではなかったようです。

それはそうですよね。占ってもらうだけだろうなと思っていたのに、突然、「今日から西澤さんのお名前を『ユースケ』にしてください」と改名をすすめられたのでしょうから。

新しい「なまえ」は、ご本人にも千鳥さんにも知らせず番組でいきなり発表されました。良い画数を選んで、カタカナでシンプルに、音は変えずに「ユースケ」。馴染みの良い「なまえ」になったと思います。

事務所のご協力もあって、それ以降は印刷物やテレビなどでの表記も、すべて「ユースケ」に統一。

その後の番組を拝見していると、**ユースケさんは初めて会ったときにくらべて、お顔が変わっていますね**。表に出ている雰囲気が、ずいぶん柔らかくなって、表情が明るくなったように感じます。

ユースケさんは改名について後日、周りのみんなが（改名について）必ず話題にしてくれるし、面白がって名前をいじってくれる先輩もいるということを、人伝てに耳にしました。

また、テレビ番組でも、改名をしたことを先輩芸人の方に取り上げられているのを実際に目にしています。

今後の益々のご活躍が期待されます。

13 セルフ改名は最強!!

私は、この本を手に取っていただいたみなさんに「現実を変えたければ名前を変えてください」と、声を大にして申し上げたいと思います。

セルフ改名は、「戸籍を変えない、お金もかからない、最強の開運法です。必要なのは、勇気と覚悟だけです。しいて言えば、名刺代くらいでしょうか。

戸籍を変えるには裁判をしたり、色々複雑な手続きが必要になりますが、セルフ改名は戸籍を変えません。そしてもちろん、グッズが必要とか物を買えとか、そういうことはいっさいありません。

面倒なことは何一つ無いのです。自分が「現実を変えるんだ!」と決意すれば、その時から現実が動き出します。

セルフ改名は、自分自身が主人公です。

自分で自分につける「なまえ」で開運していく方法です。

「運が悪い」と思った時、**自分でできる、いちばん安くて、早くて、最強の手段、それがセルフ改名です。**

パワースポット巡りも良いですが、改名してから行けば、さらに得られるものが大きくなるはず。

私は、風水も含めた色々な運勢学、占いの中で、改名は最強の開運手法だと思っています。

ビジネスネーム、ペンネーム、ハンドルネーム、ニックネーム、芸名など、「その人の一部」を表す名前はいろいろあります。

でも、そうした名前は「その人全体」を表すものではなく、それぞれに目的が違い、その時、その世界でしか使われない名前なので人生全体に大きな影響はないでしょう。

そうした名前と、セルフ改名でご自身が自分に新しくつける「なまえ」は、まったく異なるものととらえてください。大切なのは、日常生活でできるだけその名前を使うことなのです。

開運のすべての基本、開運の第一歩は、まず名前から。**良い「なまえ」が、開運の骨格をつくるのです。**

セルフ改名では、まず、だれもがいま、持っている「自分の名前」を見直すことから始めます。2章以降で具体的に名前の**画数に秘められた運気**を解説していきますので、今の名前にどんな運気があるのかを知った上で、名前で運を損していないかを確認してください。

セルフ改名による整った「なまえ」の力で、運気を上げていきましょう。

第2章

いまの名前で損していませんか

～得する画数と損する画数

1 「なまえ」は一生モノ！

すべてのものには波動（エネルギー）があり、名前にも波動（エネルギー）があります。そしてその波動にはランクがあります。

簡単に言うと、「良い名前（整った名前）」「中くらいの名前」「悪い名前」どのランクの名前を持つかで、「何を背負うか」が決まります。

人は「オギャー」とこの世に生まれた時から息を引き取る瞬間まで、名前を背負って生きていきます。

良い名前で生まれてくれれば、苦労の少ない人生がスタートします。

悪い名前で生まれてくれれば、苦労の多い人生がスタートします。

悪い名前は、それなりの困難な現実を連れてきますが、**良い名前を持っていれば多少の困難に直面したとしても、そんなに悪い現実にはならない**のです。

日本では昔から言霊(ことだま)の力が信じられています。私たちの祖先は、太古の昔から言霊の存在を受け入れ、生活や文化に取り入れてきました。日本人は「言葉に霊が宿る」という感覚を、ほぼ無意識に受け入れてきました。「名前」はその最たるものでしょう。

一生使う名前は、とても大事です。
オギャーと生まれてからお墓に入るまで、「私は○○です」と名乗り、親や友人、学校の先生、仕事場、取引先、さまざまな人から「○○さん」と呼ばれます。
今の時代、ネットショッピングで何かひとつ買うにしても、必ず名前を入力します。お買い物の時のポイントカードにも、必ず名前を書きます。

人生１００年の間、何万回も名乗ったり、呼ばれたり、書いたり、見たり、を繰り返すことになります。

良い名前を持つか、悪い名前を持つかで、5年後、10年後に大きな違いが出てきます。

2 まずは画数の力を味方につける

文字にはそれぞれ画数によって異なる波動があり、姓名判断では名前のエネルギーを画数によって判断します。

一方、言霊（ことだま）の力には、名前を名乗ったり読んだりする時の「音」にもあります。

たとえば、「つよし」と読む名前には、勇ましいとか、たくましい、というイメージを想起させる音です。

女性なら「さやか」といった音の響きには、さわやかな、清潔なイメージを抱きます。

名前の音、その響きのイメージに、自分自身も、周囲も、気づかないうちに誘導されています。

ですので、名前の音（読み方）も、その人を形成する要素になっていて、名前の響きによって、その人自身が形成され、運勢もつくられていきます。

音も運勢に影響を与えますが、本書では画数を基本にして、説明していきます。

これから本書で説明する「セルフ改名」も、まず今の名前の「画数」が示している現状を知り、運気を上げる「なまえ」を画数から探すことが基本となります。

3 功績をあげた武将は改名している

新しい名前に変わると、人生が新しく始まるという感覚になります。

昔から武将たちは人生の転機に必ず名前を変えてきました。元服の時、戦で功績をあげた時、家督を継いだ時、隠居したときなど、人生の節目節目で改名し、一生のうちに4、5回の改名が行われることも多かったようです。

豊臣秀吉は幼名の日吉丸に始まり、木下藤吉郎、羽柴秀吉、そして豊臣秀吉になりました。徳川家康の幼名は竹千代。15歳の元服の時に元信、次に元康、そして家康になっています。

家康は方位学にも詳しく、九星気学（※）を使っていたと言われています。本書では詳しく述べませんが、運気を上げるには、「方位」も大事なポイントになってきます。

戦で功績をあげると、主君から褒美として「名前」を賜ることも多かったようです。名前をもらった武将は、「これまでの自分とは違うのだ」ということを知らしめるために、新しい「なまえ」を積極的に周囲に告知したでしょう。上から褒美としてもらった「なまえ」は、権力者の評価の証であり、有力者がその人のバックに付いているというステイタスになりました。

改名は、戦いに明け暮れた戦国時代においても、戦におけるモチベーションアップや、その後の人生に大きな作用をおよぼしたでしょう。

※九星気学とは、生まれた年月日の九星と干支、五行、陰陽を組み合わせた占術。方位の吉凶を知るために使われることが多い。

4 有名人も改名している

芸能人や著名人の改名はニュースになりますし、やはり仕事柄、気になります。芸人さんとか俳優さんなど、「もっとスポットライトを浴びたい」と思ったら、名前を変えるべきだと私は思います。

たとえば、皆さんご存知の芸人さんとして、「海砂利水魚（かいじゃりすいぎょ）」から「くりぃむしちゅー」に改名した有名なコンビの方がいますね。テレビ番組の罰ゲーム企画によって改名したそうですが、「くりぃむしちゅー」は17画で、粘り強く初志貫徹できるエネルギッシュな名前になっています。ちなみに、インターネットで「偉人　改名」で検索をしてみると、トップにズラリと現れるのは、「千円札の顔」野口英世です。野口英世はもともと「野口清作」という名前でしたが、21歳の時に「英世」に改名しています。

その経緯はどうあれ、改名後の活躍は改めてご説明するまでもありません。

ちなみに、『いろはに千鳥』という番組名は、総画が25でとても良い名前です。柔軟性や応用力があるだけでなく、独自の素晴らしい才能を開花させる名前です。個性的な芸人の千鳥のお二人の番組にふさわしいと言えるでしょう。

千鳥のお二人も、『いろはに千鳥』の番組内で改名をした後（コンビ名「いろはに千鳥」、お二人は「ダイ山本」と「のぶ小池」）、番組の人気上昇とともに、売れっ子になっていきました。本当はこちらに統一してほしいですが、そうしたら今よりさらに……。

5 トップの改名で社運が上がる

企業トップの方の改名も、私は良いことだと思います。なんと言っても社運にかかわりますので。会社は、会社名と代表取締役の名前で、社運が変わります。

同じような商品を違う会社がつくっていた場合などに、代表取締役の名前と会社の名前が良い方が売上が継続する、ということがあります。

また、人がどんどん辞めているのに一部上場するとか、株価がどんどん上がるとか、実情以上に伸びる会社もあります。社名を見てみると、その会社の本社はもちろん、関連会社や子会社の名前がみんな良い名前なのです。

商品の名前も、売り上げに大きな影響を与えます。


つい先日も、『いろはに千鳥』をご覧になったという30代の男性がサロンに相談にみえました。

その方は、いまはお父さんと一緒に会社を経営しているけれども、近いうち独立を考えているとのこと。自分で名前を調べてみたところ、良くなかったので、どうしたものか、気になっていたのだそうです。

見させていただいたお名前は、やはり良くなかったので改名をおすすめしました。すると、「ああ、やっぱり」と、おっしゃっていました。

独立が具体的になったら、会社名と自分の名前を変えたいので、改めて相談しましょうということになっています。

多くの方の悩みの原因であり、開運に大きくかかわる要素は「仕事」「人間関係」「環境」の3つです。

「仕事」は、職業や会社など働くことにかかわることです。「人間関係」は、上司や部下、同僚といった仕事にかかわることだけではなく、友人や配偶者、パートナー、家族などといったことも含みます。そして、「環境」とは、職場や家庭、学校、地域など、個人の力ではなく全体の力がおよぶものです。

どれも、簡単に変えることが難しいものばかりです。

でも、**名前だけは自分次第。自分の意志でいますぐに変えることができます。**

「今日からこの名前で生きてゆきます」が可能です。

名前を変えると、仕事、人間関係、環境が望ましいものへ、少しずつ変わっていきます。

繰り返しになりますが、改名は、簡単なうえに最強の開運法です。

生年月日は変えられませんが、名前は自分の気持ちひとつで変えられます。

姓名判断には、画数だけではなく、さまざまな要素が複合的にかかわってきますが、本書は、セルフ改名として、自分で最強の「なまえ」をつくってもらうことを目指しています。そこで、ここでは、大きな影響がある画数について、簡単に説明していきます。

6 セルフ改名の準備① 5つの運「五運」で数える

それでは、まず、いまの名前の「画数」を数えてみましょう。画数は、姓名を「天運」「人運」「地運」「外運」「総運」の5つの要素に分けて数えます。

例を挙げると、次のようになります。

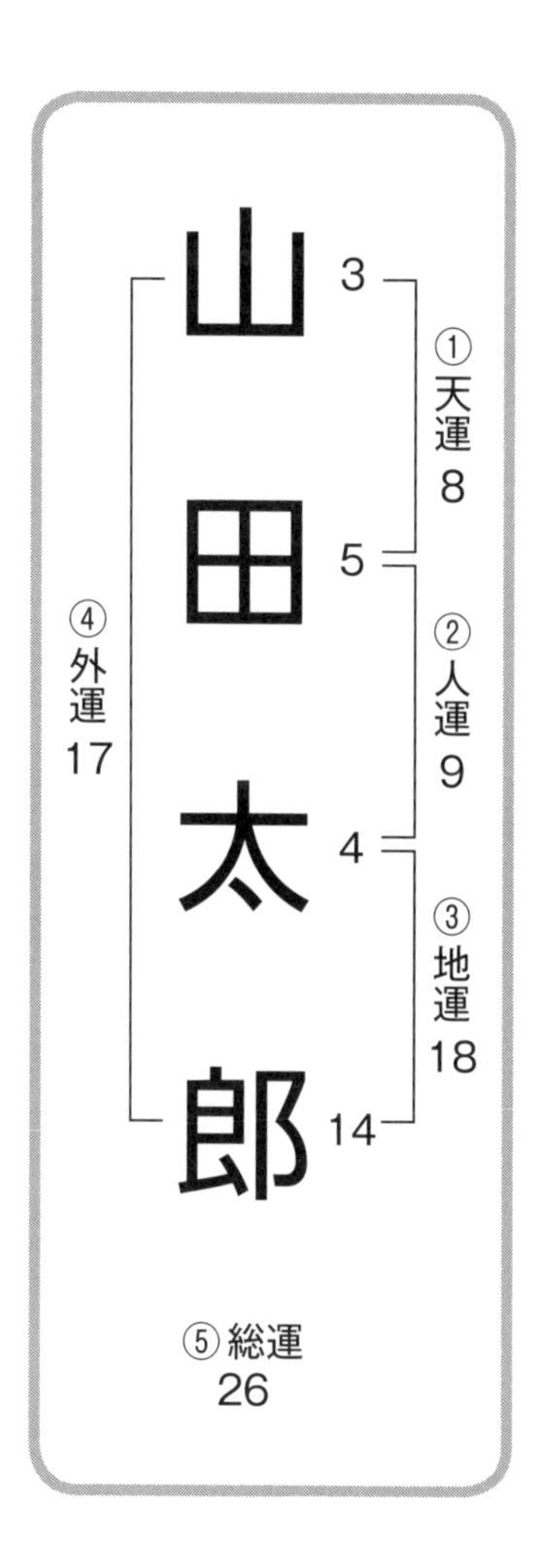

5つの部分（五運）全体の意味は次のとおりです。

①天運（天格）

姓（苗字）の画数。先祖代々受け継がれてきたもので自分の意志ではどうすることもできないものです。

この天運の画数が悪くても、運を左右することはありません。

あくまでも名との組み合わせによって働きが決まります。

②人運（人格）

姓の最後と名の最初の合計画数。精神面や性格、才能など、その人の内面をあらわす部分で、仕事運、結婚運、健康運のすべてに大きくかかわってきます。人の体で言うと、心臓にあたる一番重要な部分です。

この人運の働きが悪いと、周りの画数が良くてもその働きが表に出てこないことがあります。

③地運（地格）

名の合計画数。潜在的な素質や能力、基本的な運勢を表す「基礎運」と言えるもので、人運を支えています。主に幼少期から30歳ぐらいまでの運勢を表し、その後の人生のベースになるものです。体質にも影響をおよぼします。

④外運（がいうん）（外格）

姓の一番上と名前の一番下を足した画数。対人関係、友人関係、仕事などの環境にかかわってきます。

引き立てられる運、周りからの評価など、仕事をする上で大切な「社会運」とも言える要素です。

⑤総運（そううん）（総格）

姓と名のすべてを合計した画数。特に40代後半以降の運勢を表します。他の画数が良くても、総運が良くないと人生の後半に苦労することになります。一生の運にかかわってきます。老後の生活を大きく左右します。

このように、名前には5つの運勢の要素があり、セルフ改名では、姓（苗字）はそのままで、**名前だけを変えていきます。**

なお、画数を数える上で、次のとおり、部首の数え方と姓名の文字数による数え方に注意が必要となります。

●部首の画数

「氵」さんずい（水）↓4画　「忄」りっしんべん（心）↓4画
「扌」てへん（手）↓4画　「王」たまへん（玉）↓5画
「犭」けものへん（犬）↓4画　「衤」ころもへん（衣）↓6画
「ネ」しめすへん（示）↓5画　「艹」くさかんむり（艸）↓6画
「月」にくづき（肉）↓6画　「辶」しんにゅう（辵）↓7画
「阝」こざとへん（阜）↓8画　「阝」おおざと（邑）↓7画

●姓名の文字数による数え方

◇の部分は名字、〇の部分は名前のわくになります。1字姓の場合には、名字の上に1画が加えられ、1字名の場合には、名前の下に1画が加わります。

総画を数える場合には、この1画は加えませんので注意してください。

たとえば、1字姓1字名の林愛さんの場合、外運2、天運9、人運21、地運14、総運21となります。

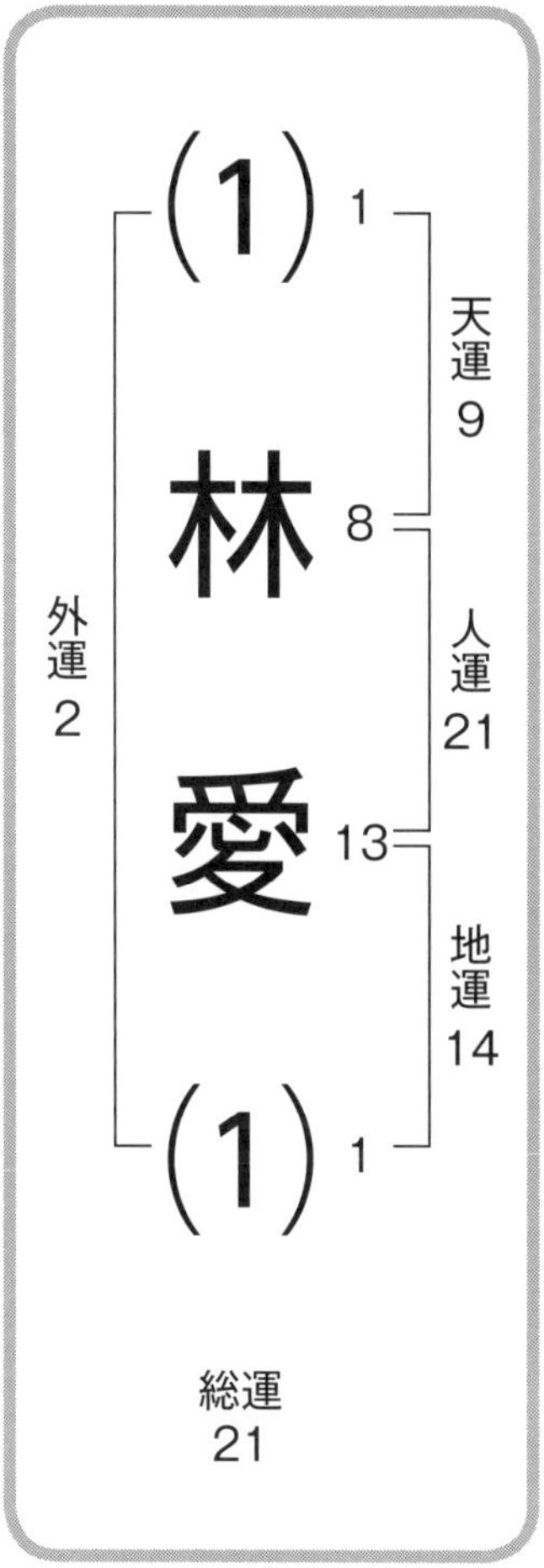

(1) 1
林 8
愛 13
(1) 1
天運 9
人運 21
地運 14
外運 2
総運 21

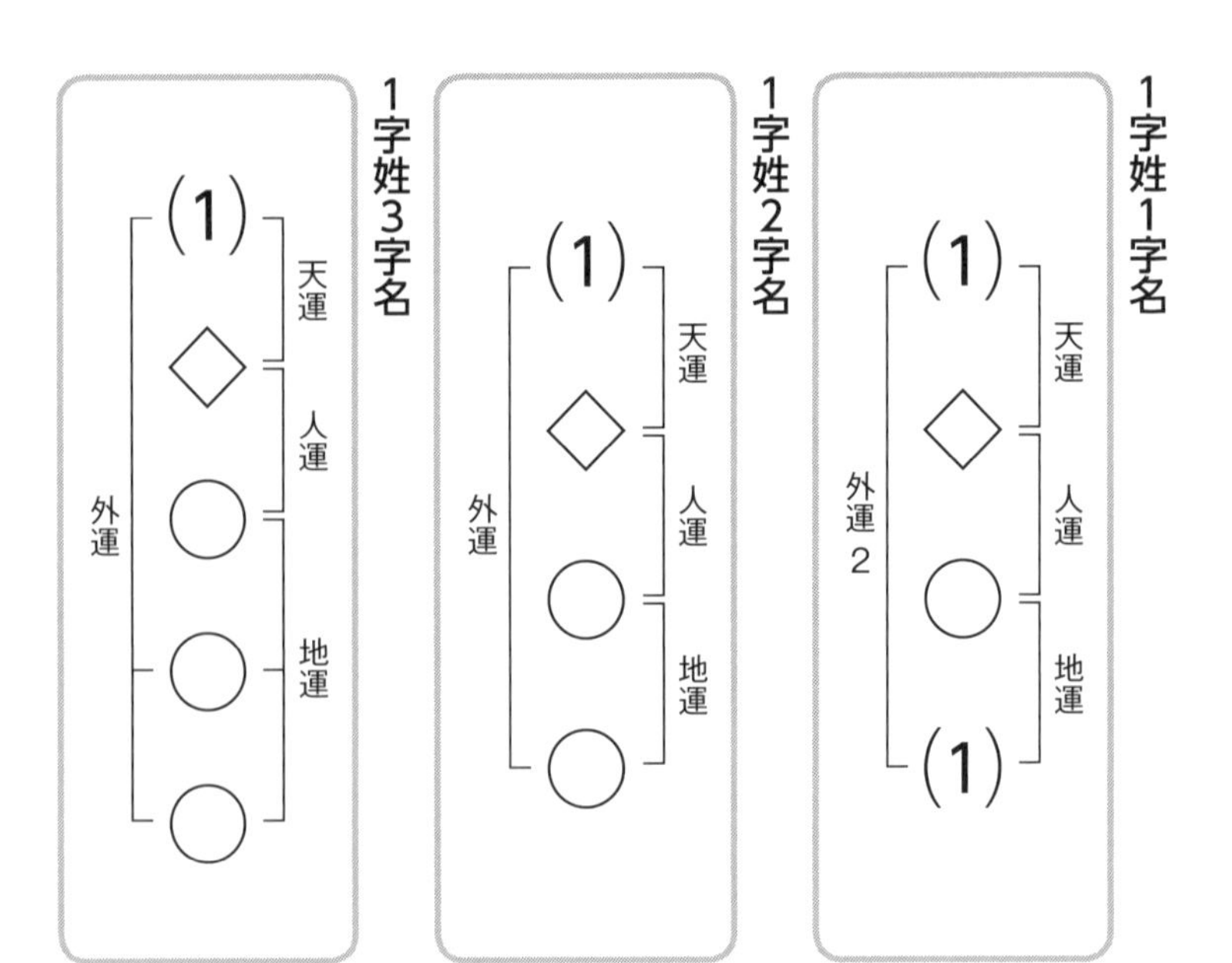
1字姓1字名
(1)
天運
人運
地運
外運2
(1)
1字姓2字名
(1)
天運
人運
地運
外運
1字姓3字名
(1)
天運
人運
地運
外運

2字姓1字名

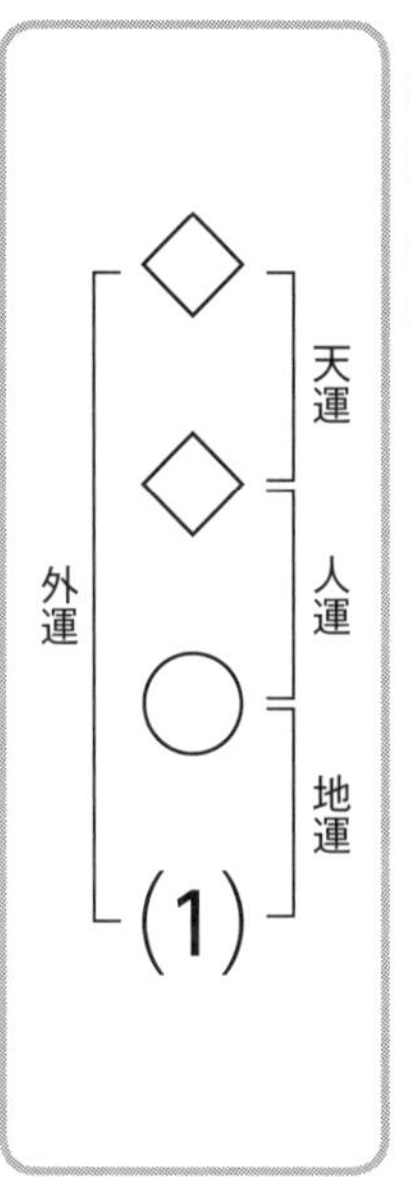
天運
人運
地運
外運
(1)

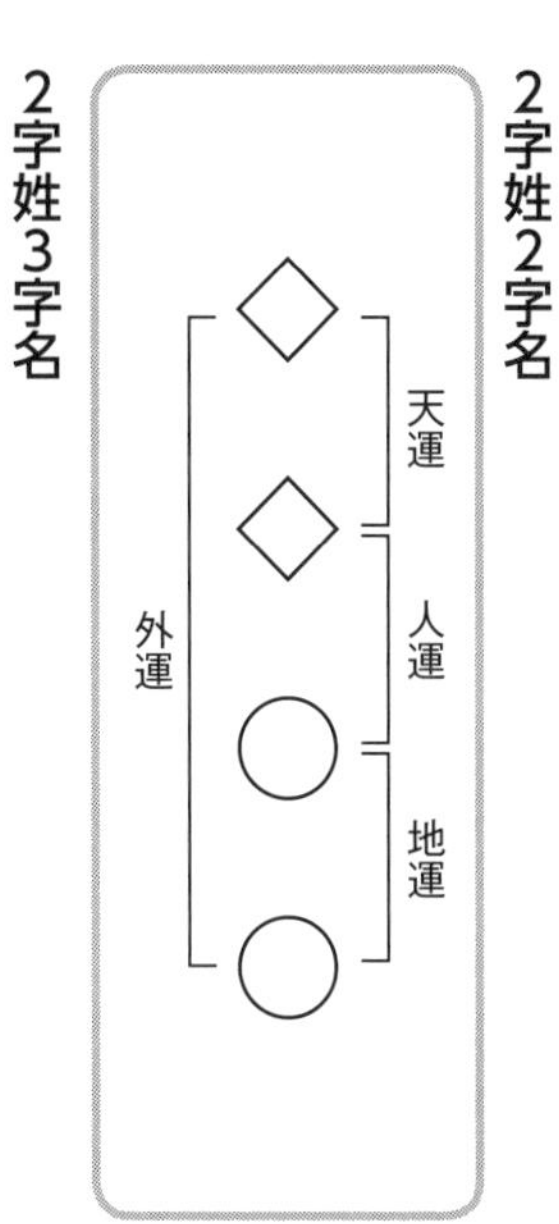
2字姓2字名
天運
人運
地運
外運

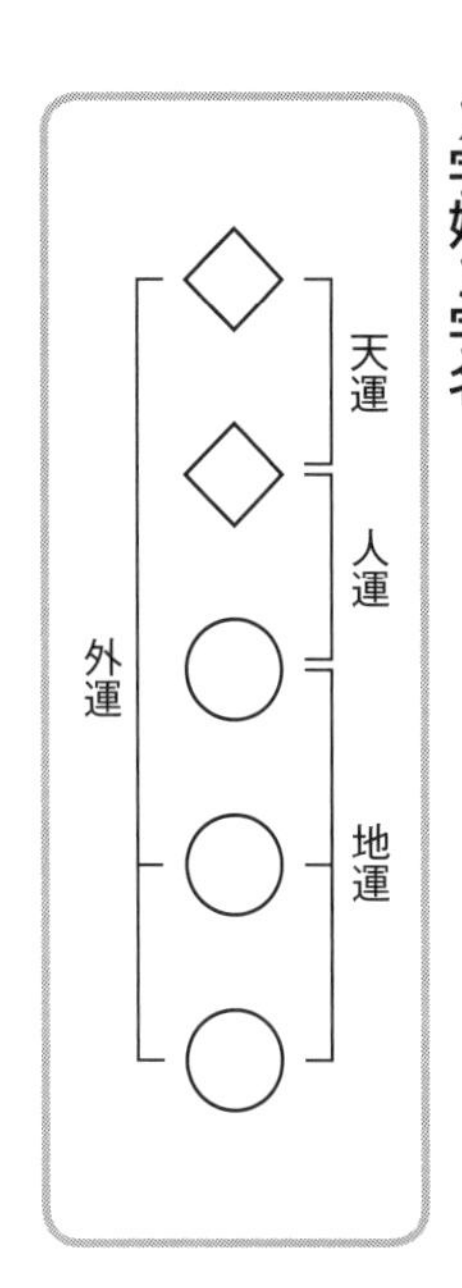
2字姓3字名
天運
人運
地運
外運

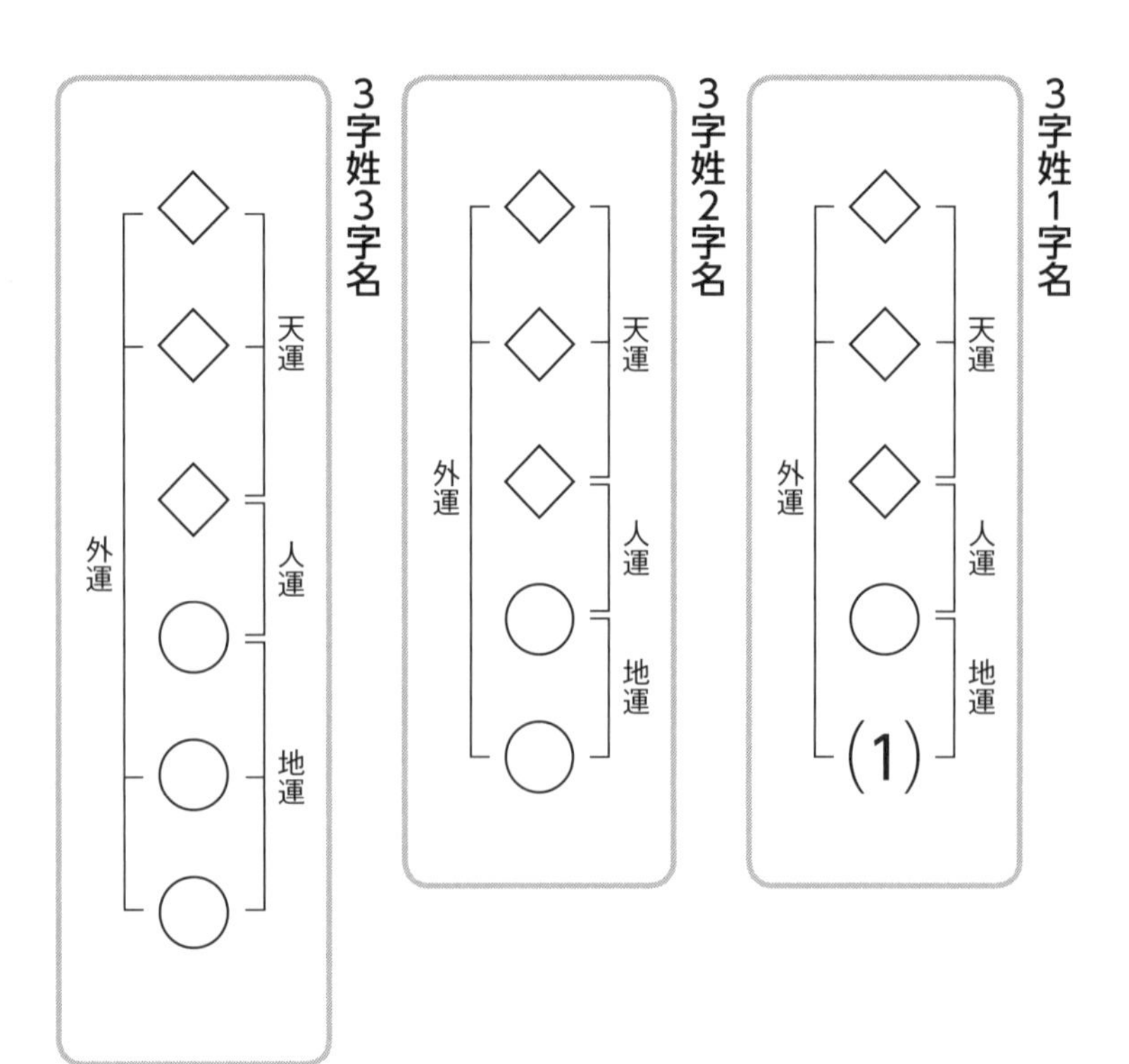
3字姓1字名
天運
人運
地運
外運
(1)
3字姓2字名
天運
人運
地運
外運
3字姓3字名
天運
人運
地運
外運

なお、姓名判断で数え間違えやすい文字は次のとおりです。常用漢字は旧漢字の画数を用いるなどのルールがありますが、複雑になりますので、ここではこのようなものがあるということを知っていただければと思います。

文字	×	○
政	9	8
歩	8	7
勉	10	9
酒	11	10
豊	13	18
泰	10	9
才	3	4
熙	14	13
臣	7	6
巨	4	5
雅	13	12
置	12	14
眞	11	10
節	14	15
恵	10	12
滋	13	14
絵	12	19
会	6	13
敏	10	11
海	10	11

セルフ改名の準備② 損する画数を避ける

さて、ご自分の五運（画数）はわかったでしょうか。次に、天運以外に損を招く画数を説明します。それらが名前に2つ以上あればとくに要注意です。

セルフ改名をする際にも、次のような悪い画数を避けて選んでいきましょう。

●「0（ゼロ）」に要注意（凶画）

「0」はすべてがゼロになる、水の泡になるという意味なので、「10」「20」「30」「40」「50」など、天画以外に0が入っている場合には改名した方が良いでしょう。

突然、地位、仕事、お金などを手放すはめになる、とてもざんねんな画数です。

●避けるべき画数（凶画）

「9」は、直感力が優れていますが、なにをしても苦労が絶えない傾向にあります。

「19」は、活動的で実力もありますが、予想外の不運やトラブルに遭いやすく、もっている良さが表に出ません。

「22」は、犯罪やトラブルに巻き込まれやすくなります。健康面、特にメンタル系の病気にもかかりやすくなります。

「26」は、成功を一時的でも成し遂げることができます。しかし、人よりも乱波に富んだ人生になり、苦労します。

「27」は、頑固なタイプです。その頑固さがアダとなって、人間関係がうまくいかないことが多いでしょう。

「28」は、いつも人間関係に悩まされ続けることになります。

「34」は、仕事の調子が上がれば上がるほど健康を害する可能性が高くなります。

「42」は、体の調子が悪くなります。

「43」は、金銭面に困窮し、破産しやすくなります。

「44」は、家庭、仕事、健康がいつも不安定で周囲へ良い影響を与えられません。

「46」は、考えが甘い人。目の前のおいしい話に飛びついて失敗しがちです。

「49」は、吉凶入り乱れることになり、二重人格にもなりやすいです。

「59」は、メンタルが弱くあやしい宗教など、なにかにすがりがちになります。

「69」は、精神的に不安で体調を崩しやすく、苦労の絶えない人生になりがちです。

●男女で吉凶が別れる画数

「21」「23」「29」「33」「39」は、仕事運がとても良い画数です。

ただし、女性は結婚運（家庭運が）大きく下がります。仕事運が強くなりすぎるからです。円満な家庭を築きたい女性がこの画数を選ぶ場合には、女性らしさや優しさを特に意識しないと、トラブルの元になりかねない画数です。

なお、男性の場合「21」「23」は、仕事運も家庭運も良いでしょう。

セルフ改名の準備③ 得する画数をバランス良く選ぶ

避けるべき画数や注意すべき画数がわかったら、次は、運が味方する得する画数を知り、いまの姓とのバランスをとっていくことが大事です。

●得する画数

「3」は、積極思考で物事の良い面を見ようとします。独自のアイデアを持って、果敢に挑戦していく傾向にあります。

「5」は、好奇心が旺盛で、海外とのご縁があります。国際関係の仕事に向いているでしょう。

「6」は、パワフルでガッツにあふれています。責任感が強く、真面目と言われる傾向にあります。

「8」は、困難を乗り越えることのできるメンタルの強さを持っています。

積極的に行動することができます。

「11」は、コツコツ型。陰日向なく、怠らず、真面目に、地道に、努力することが得意です。

「13」は、企画やアイディアが豊富に湧き出てきます。頭をつかう職業向きであり、朗らかな性格です。

「15」は、パートナー運が強くなります。着々と自分の地位を確立していきます。穏和な性格で、人から好かれます。

「16」は、ゼロから立ち上げることが得意です。自然とトップの地位に上りつめることができます。合理性を重視する性格です。

「23」は、頭のキレが良く、よく目立つ存在です。独立運が強く、起業のトップを目指せます。しかし、女性の場合は、家庭運に注意です。

「24」は、おおらかな性格で、物事を大きくとらえることができます。セレブや資産家との縁があります。家庭運に恵まれます。

「25」は、創意工夫ができて、アイデアを出すのが得意で、機転が利きます。

特殊な技術や技能で生計を立てることができます。

「31」は、仕事に偏りがなく、オールマイティに活躍できます。美人と呼ばれる人に多いです。

「32」は、棚からぼたもちタイプです。才能が豊かであり、周囲からの評価も高くなります。

「33」は、トップに立つ運気が強くなります。希望を叶えるパワーを持っています。なお、女性は家庭運に注意が必要です。

「35」は、学術や芸術で目立つ運気です。何かひとつを極めていけば、他より抜きん出る可能性が高いです。

「37」は、自然と安定しているタイプです。免許や資格などを取ると、さらに安定していきます。

「38」は、内助の功タイプです。トップのすぐ下で陰から支えていくポジションに向いています。

「41」は、変化の波にうまく乗ることができれば、人が集まってきて、目標を達成することができます。

「45」は、不思議なことに、自然と周囲の人が応援してくれて、力を貸してくれます。そして、最後には希望どおりになります。

「47」は、人間関係を構築する天才です。独立しても、企業の中でも仕事に恵まれます。

「52」は、逆境に強い傾向にあります。トラブルや困難があればあるほど燃えるタイプです。さらに、人をまとめる力に優れており、リーダーや企業のトップに向いています。年を取るほどに発展していきます。


セルフ改名を実践するにあたっては、凶の画数を極力避けて、吉の画数になる漢字を選んでいきます。吉数を決めたら、準備①の項で説明したように、画数の数え方に注意しながら、本書巻末の漢字画数表や辞書、ネット検索で漢字を探します。探した結果ごとに画数が異なる漢字の場合には、その漢字を選ぶのはなるべく避けましょう。

なお、だれでも普通に読める文字を選ぶことが大事です。つまり、キラキラネーム的な漢字の組み合わせは、読みづらいのでおすすめしません。

●音を同じにする

現在の名前と同じ音（読み方）で、画数の違う漢字を選んでも問題ありません。いまの名前の音が気に入っている方や、なじみ深いと感じる方は、同じ音で、画数が異なる漢字を選ぶとよいでしょう。たとえば、「ようこ」という音は変えないで、漢字を陽子から画数の異なる洋子にするといった感じです。

さらに、浩子をひろこといったように、漢字をひらがな（もしくは、カタカナ）にしても問題ありません。

ひらがなとカタカナの画数の数え方は、次の表のとおりです。

ひらがな画数表

わ	ら	や	ま	は	な	た	さ	か	あ
3	3	3	4	4	5	4	3	3	3
ゐ	り		み	ひ	に	ち	し	き	い
3	2		3	2	3	3	1	4	2
ゑ	る	ゆ	む	ふ	ぬ	つ	す	く	う
5	2	3	4	4	4	1	3	1	2
を	れ		め	へ	ね	て	せ	け	え
4	3		2	1	4	2	3	3	3
ん	ろ	よ	も	ほ	の	と	そ	こ	お
2	2	3	3	5	1	2	3	2	4

カタカナ画数表

ワ	ラ	ヤ	マ	ハ	ナ	タ	サ	カ	ア
2	2	2	2	2	2	3	3	2	2
ヰ	リ		ミ	ヒ	ニ	チ	シ	キ	イ
4	2		3	2	2	3	3	3	2
ヱ	ル	ユ	ム	フ	ヌ	ツ	ス	ク	ウ
3	2	2	2	1	2	3	2	2	3
ヲ	レ		メ	ヘ	ネ	テ	セ	ケ	エ
3	1		2	1	4	3	2	3	3
ン	ロ	ヨ	モ	ホ	ノ	ト	ソ	コ	オ
2	3	3	3	4	1	2	2	2	3

吉凶画数一覧表

9	8	7	6	5	4	3	2	1
×	○	○	○	○	×	○	×	○
18	17	16	15	14	13	12	11	10
○	○	○	○	×	○	×	○	×
27	26	25	24	23	22	21	20	19
×	×	○	○	○※	×	○※	×	×
36	35	34	33	32	31	30	29	28
×	○	×	○※	○	○	×	○※	×
45	44	43	42	41	40	39	38	37
○	×	×	×	○	×	○※	○	○
54	53	52	51	50	49	48	47	46
×	×	○	×	×	×	○	○	×
63	62	61	60	59	58	57	56	55
○	×	○	×	×	○	○	×	×
72	71	70	69	68	67	66	65	64
×	×	×	×	○	○	×	○	×
81	80	79	78	77	76	75	74	73
○	×	×	×	×	×	○	×	×

※「21」「23」「29」「33」「39」は、女性は要注意です（70ページ参照）。

セルフ改名の準備④ 不安や悩みを書き出してみる

3章からは、15の姓に基づく改名例を参考にしながらセルフ改名を実践してもらいます。が、その前に一度立ち止まって、**なにを自分は望んでいるのか、今の自分の状況（悩みや問題は何か）を、書き出して可視化してみましょう。**

なんとなく全体的に運気が良くないという状況であれば、「仕事」「人間関係」においてどんな状況か、どんな気持ちかを書き出してみてください。

上司との関係、評価、会社との折り合い、お金、仕事内容、パートナーとの関係などの「不満」、将来や老後の「不安」、転職、結婚などの「変化」、子育てや介護などの自分以外の人にかかわることなど、思いつくことを思いつくまま、「メモ式のふせんに書き出す」「ノートに箇条書きにする」「思いついた時に手帳にメモする」などしてみてください。

項目も分類もやり方も、自分なりでよいのです。大事なのは、悩みや不安を可視化することです。

一度、自分の外に出して眺めてみることで、ご自身が何を望んでいるのか、何に悩んでいるのかが具体的にわかってきます。

答えがはっきり出れば、それは素晴らしいことです。でも、モヤモヤしたままでもいいのです。

結局のところ、仕事の悩み、人間関係の悩み、健康の悩み、これらはつながりあっていることが多いので、はっきり区分するのは難しいからです。

開運はまず、名前を変えるという「形」から入ることが大事です。「なまえ」が、あなたを後押しし、良い方へ導いてくれます。

3章では、日本人に多い上位100の姓（名字）の中から15を選んで、男女別に仕事運、人間関係運のそれぞれの運気の上がる「なまえ」の一例を示します。参考にしながら、セルフ改名にトライしてみてください。

第3章

「なまえ」で自分の現実を変える

～セルフ改名例15姓

1 強運が味方になる「なまえ」の例

1章では名前で運を逃していることがあるということを説明してきました。そして、2章では自分の名前の画数を確認して、自分の運の状況を知っていただけたと思います。

では、実際にどのようにセルフ改名すればよいのでしょうか。

本来ならば、一人ずつ、すべての方の姓を解説したいのですが、本書ではそうすることが物理的に不可能ですので、**15の姓の仕事運、人間関係運**（特に結婚運）**を、男女に分けて運気の良い画数を一例として示しておきます。**また、それぞれの**運の強弱について★（星）マーク**をつけています。★が3つあれば最強です。例示された姓以外の方も、考え方は同じですので、参考にしてみてください。

仕事運の良い「なまえ」

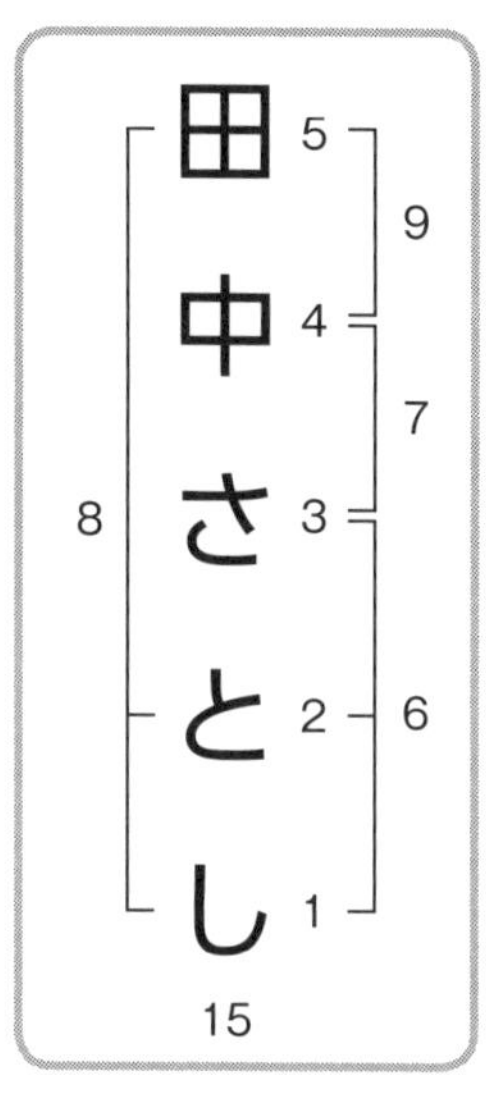

仕事運★★★
人間関係運★★

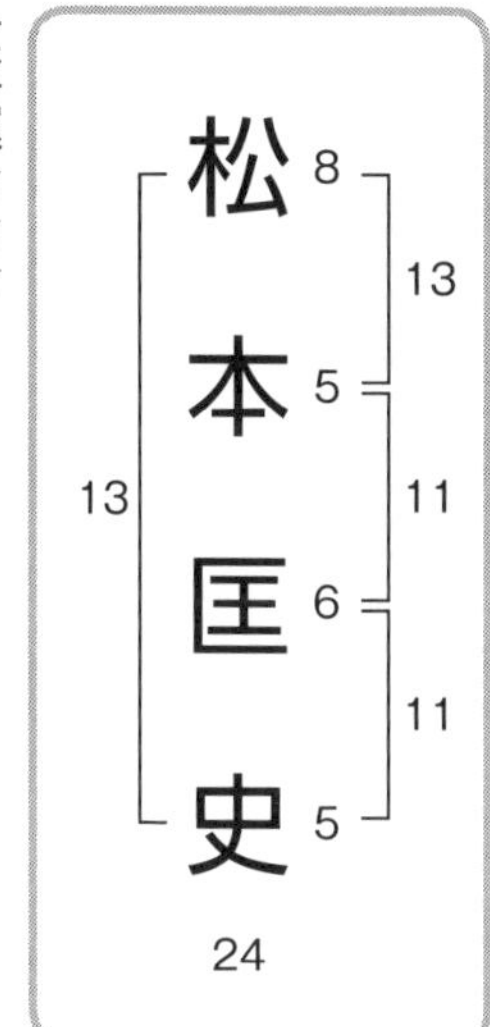

仕事運★★★
人間関係運★★★

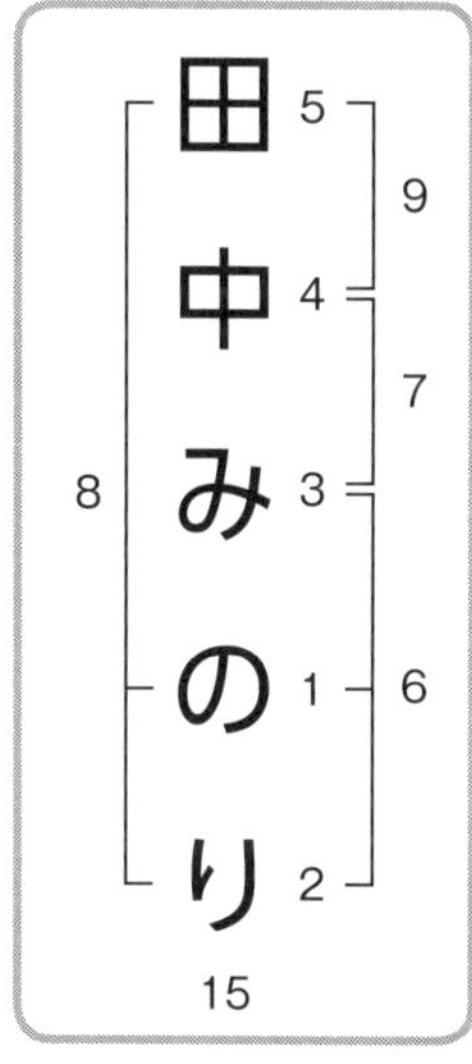

仕事運★★★
人間関係運★★

仕事運★★★
人間関係運★★

仕事運★★★
人間関係運★★

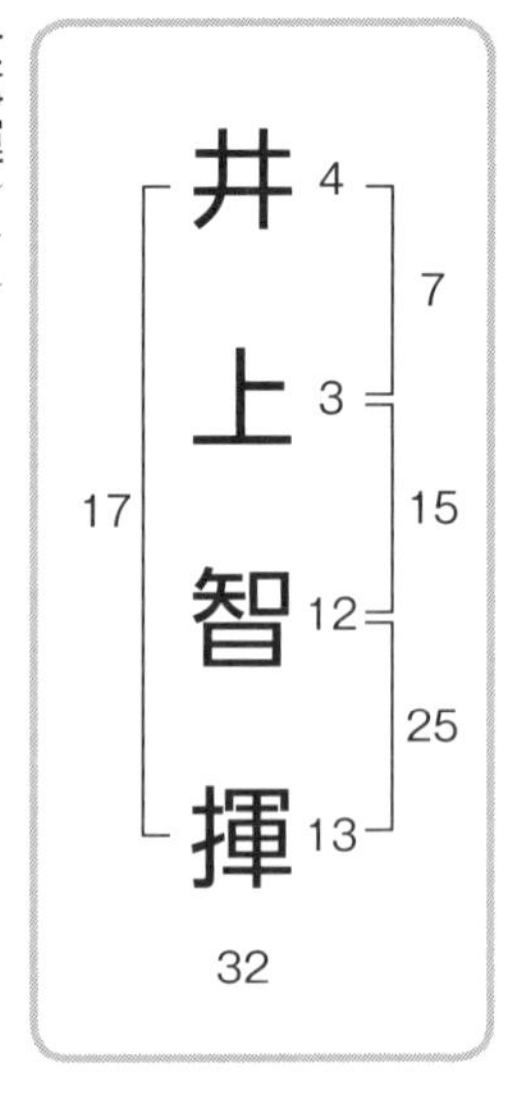

仕事運★★★
人間関係運★★★

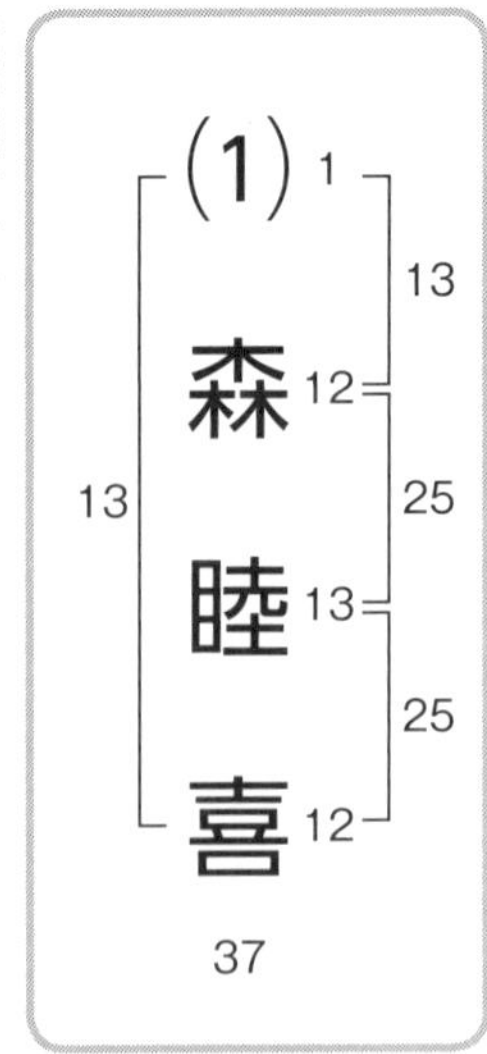

仕事運★★★
人間関係運★★

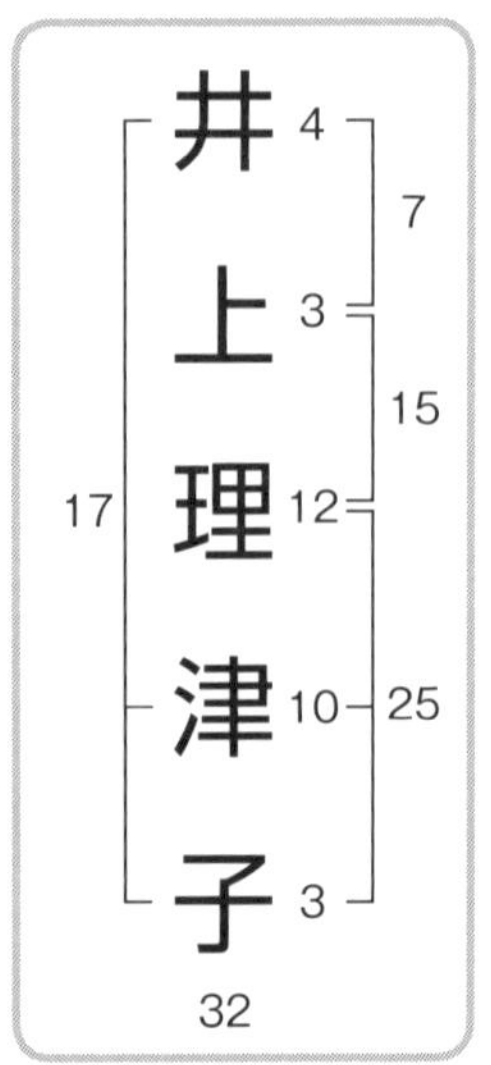

仕事運★★★
人間関係運★

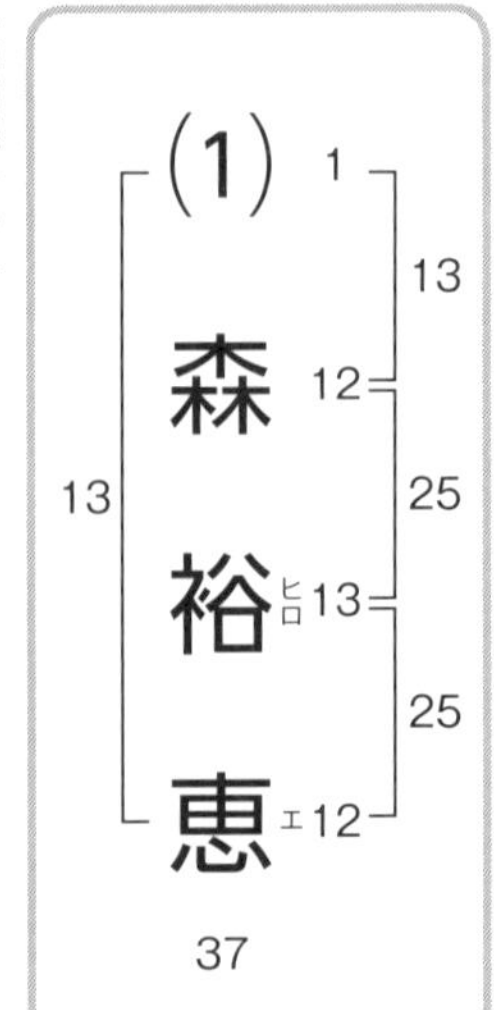

仕事運★★★
人間関係運★★

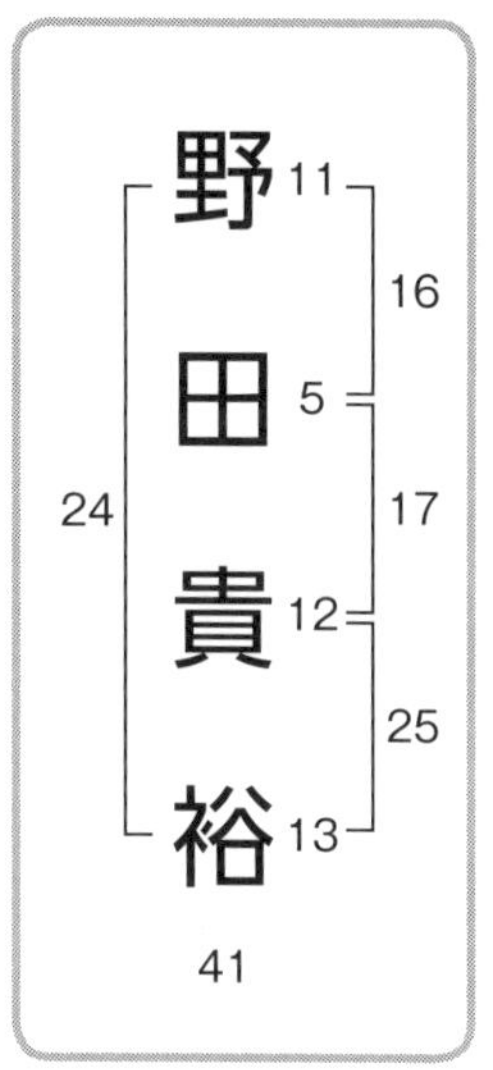

仕事運★★★
人間関係運★

仕事運★★★
人間関係運★

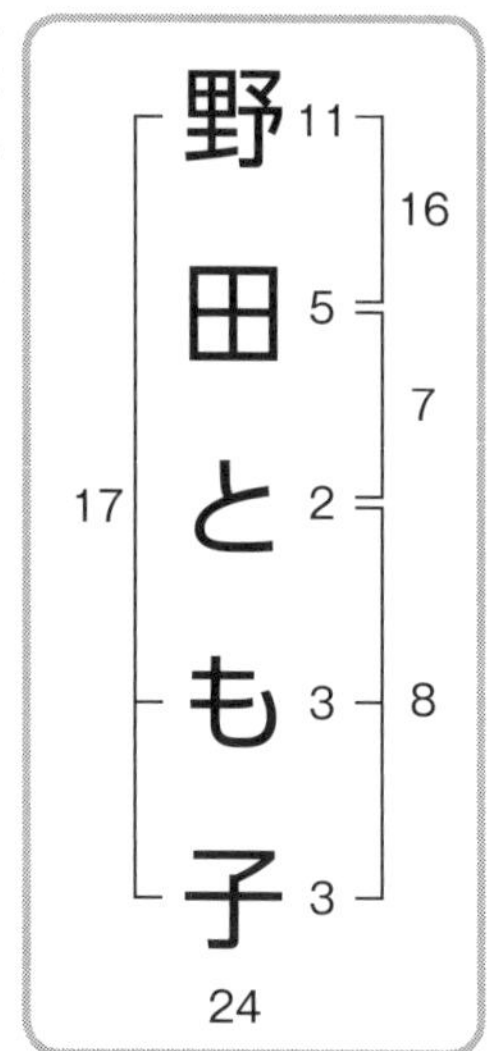

仕事運★★★
人間関係運★

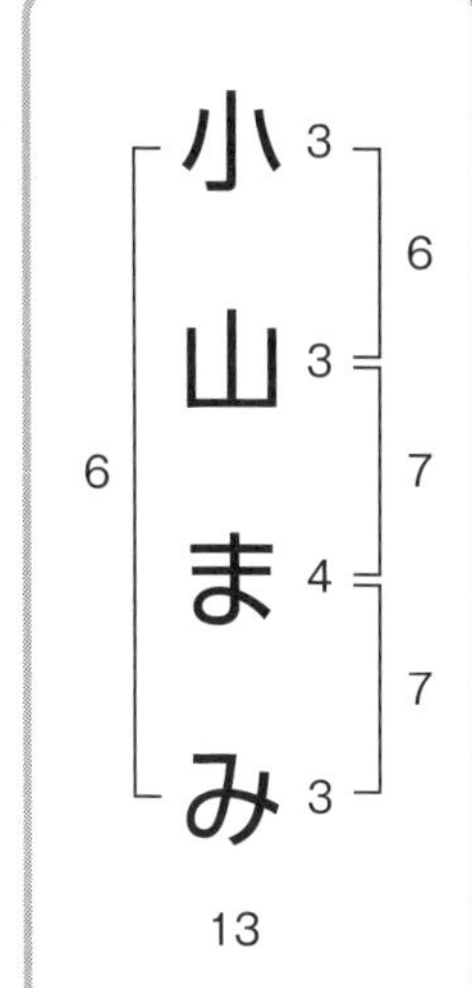

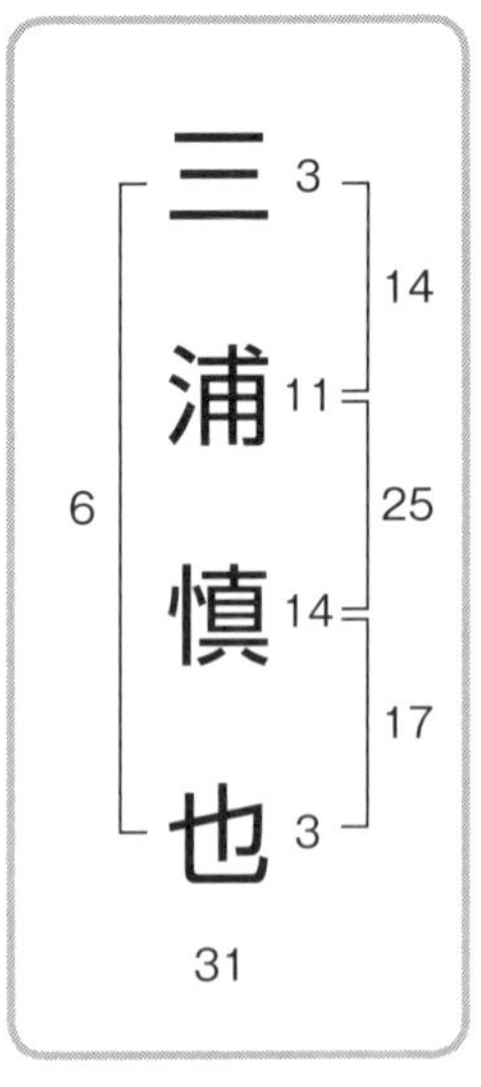

仕事運★★★
人間関係運★★

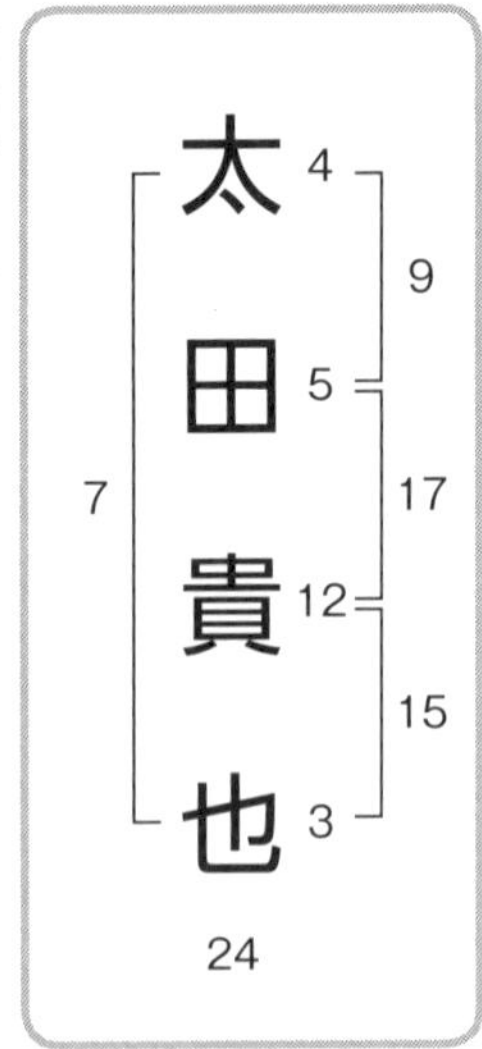

仕事運★★★
人間関係運★★

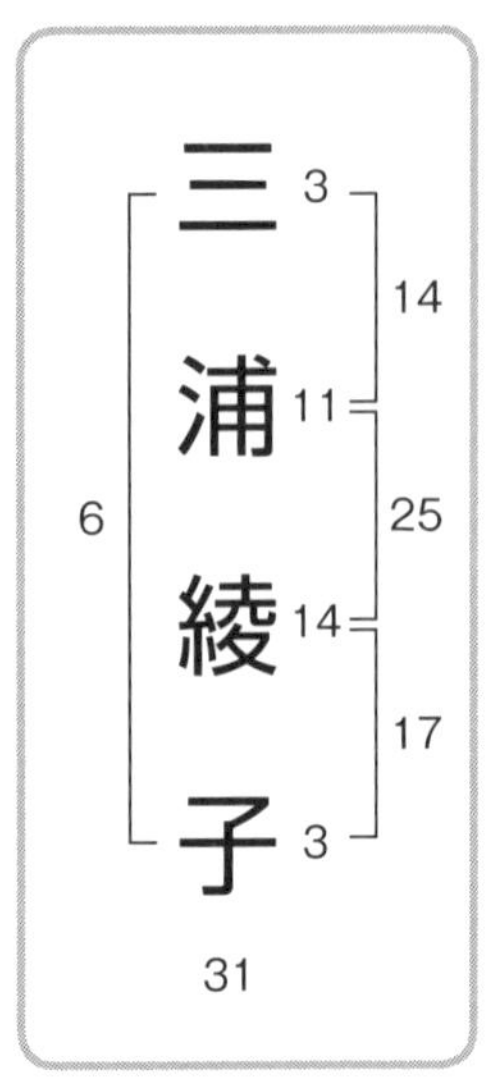

仕事運★★★
人間関係運★

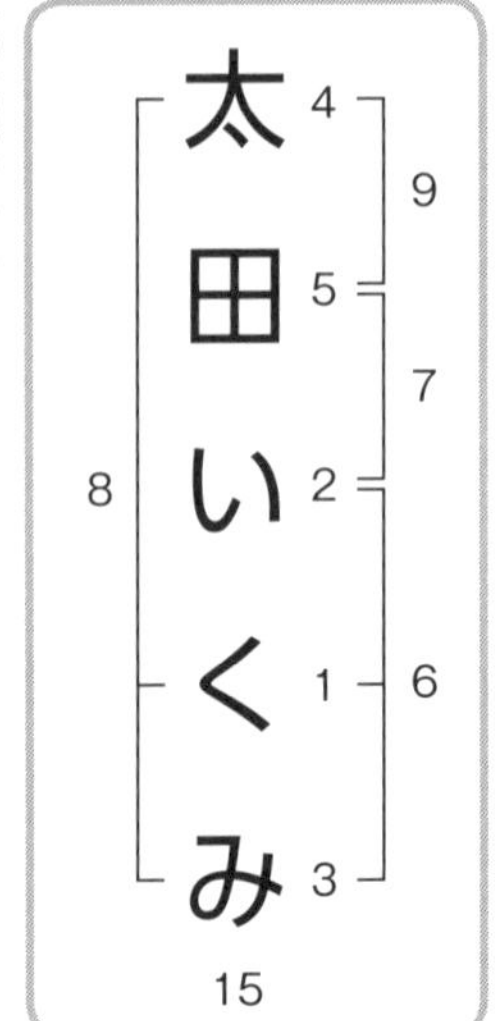

仕事運★★★
人間関係運★

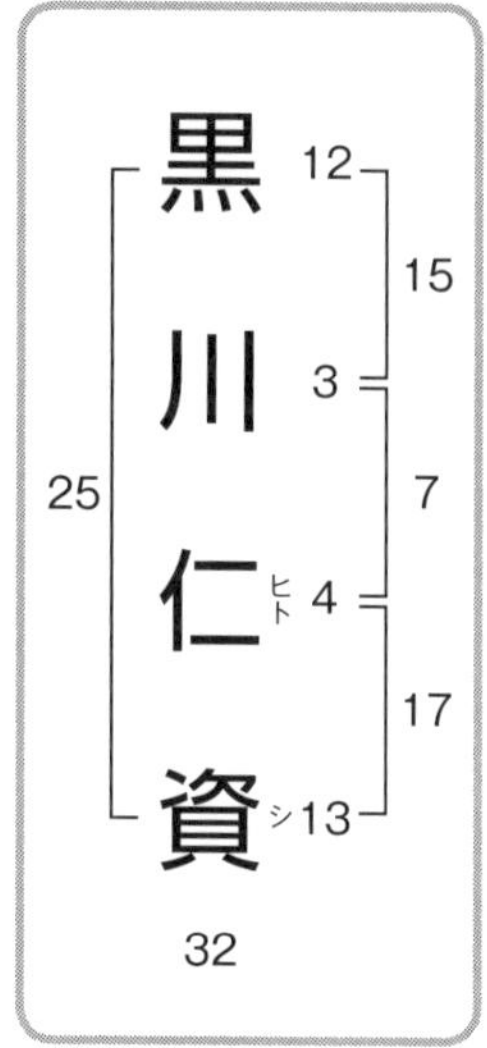

仕事運★★★
人間関係運★

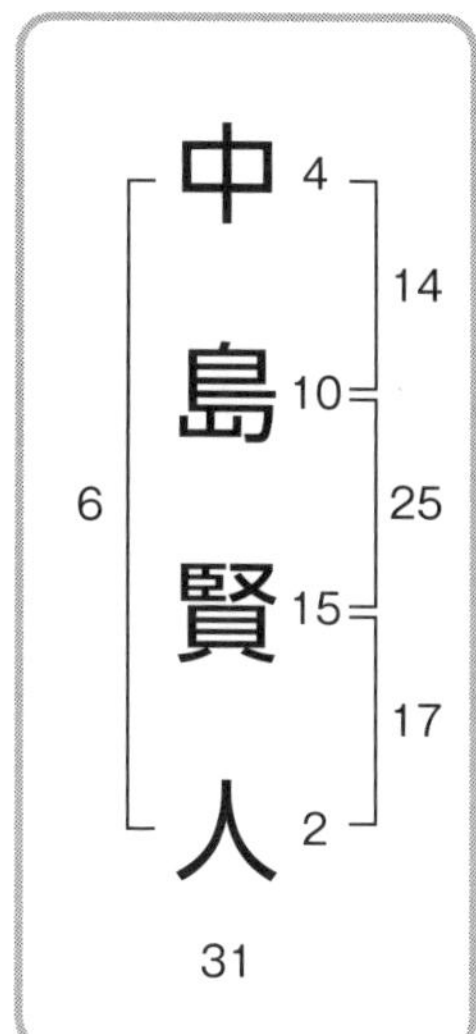

仕事運★★★
人間関係運★

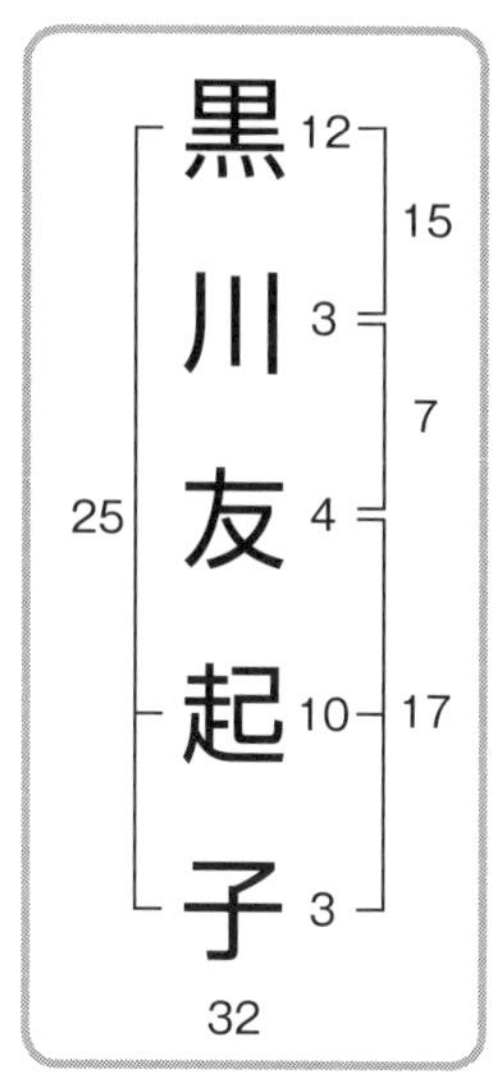

仕事運★★★
人間関係運★

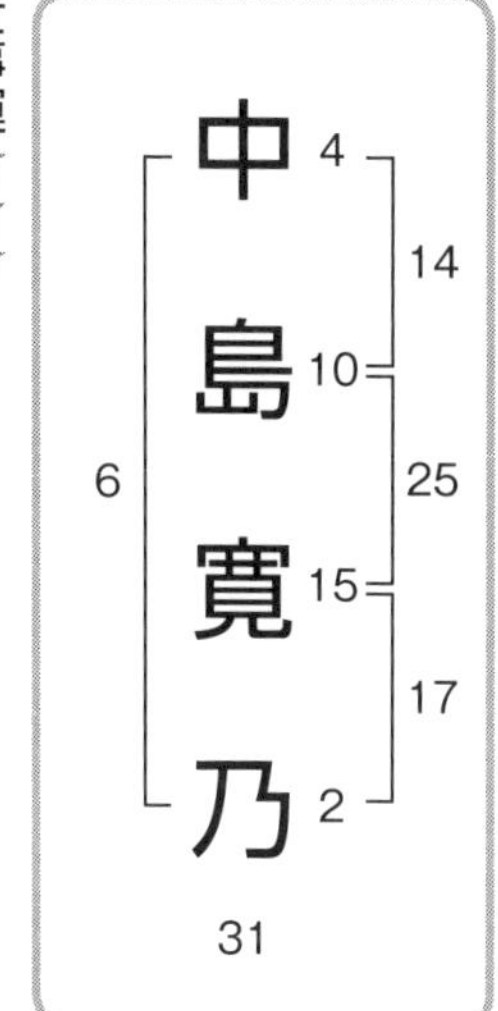

仕事運★★★
人間関係運★

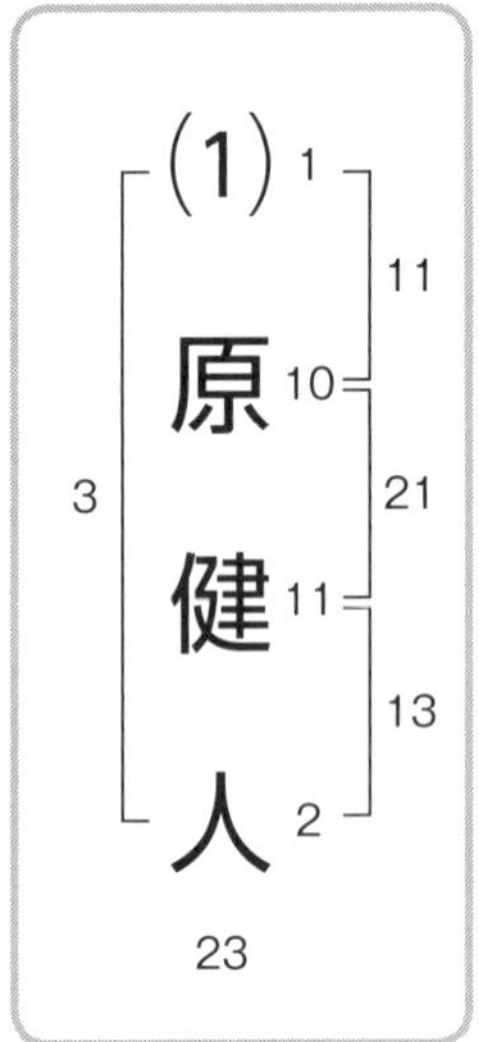

仕事運★★★
人間関係運★★

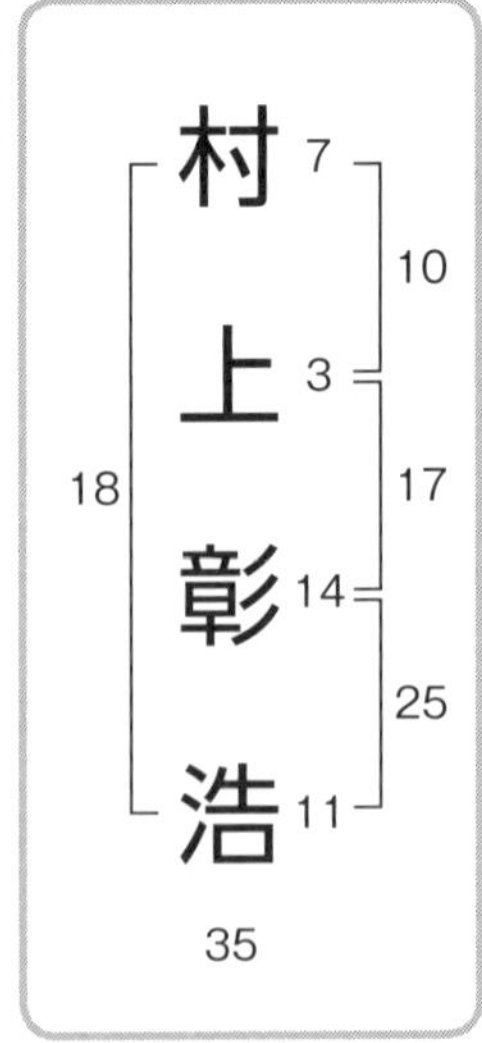

仕事運★★★
人間関係運★

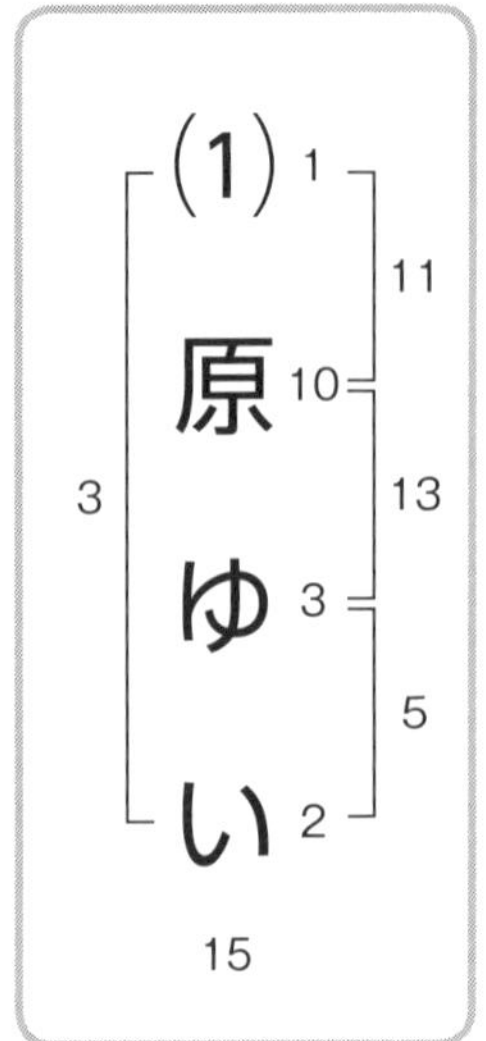

仕事運★★★
人間関係運★★

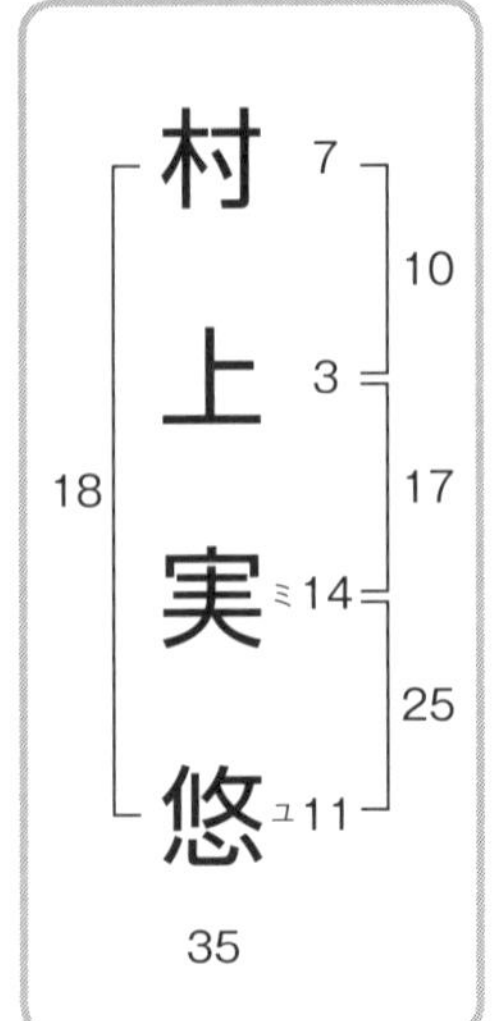

仕事運★★★
人間関係運★

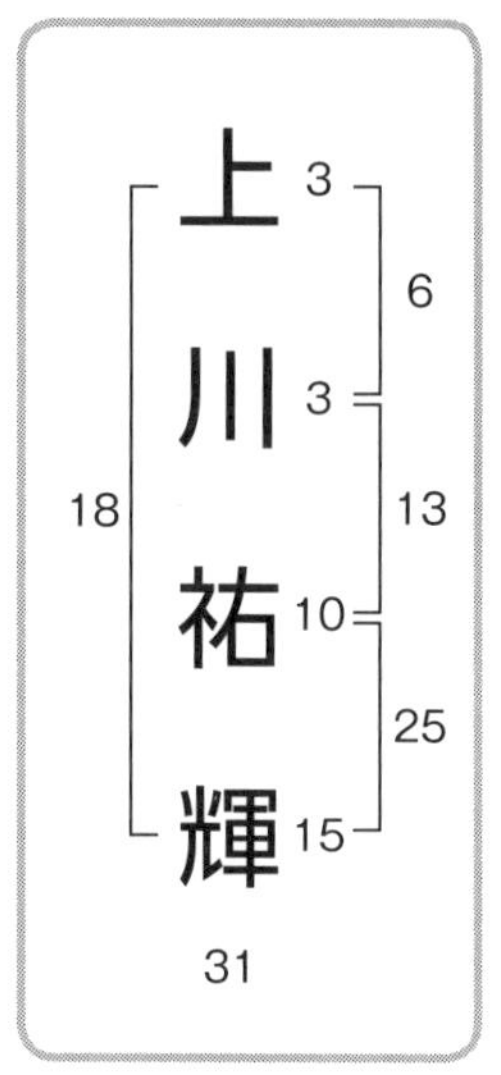

仕事運★★★
人間関係運★★★

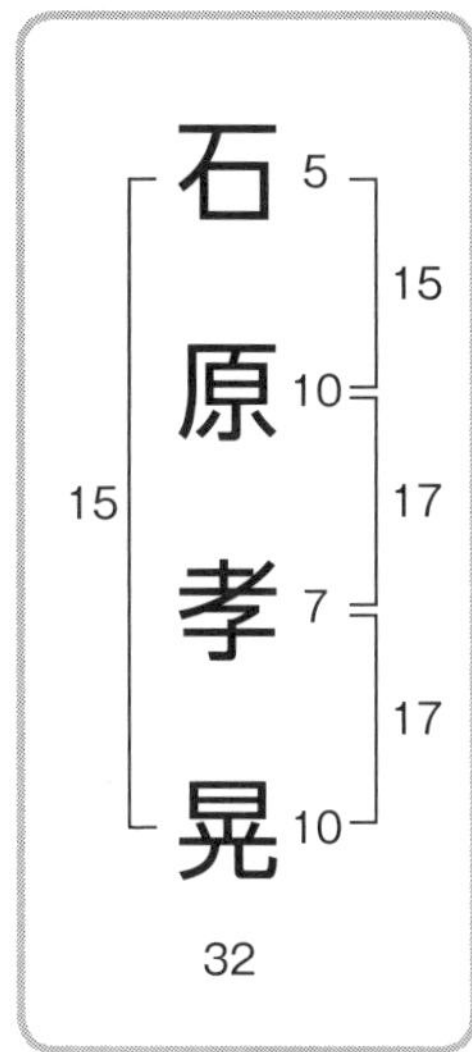

仕事運★★★
人間関係運★

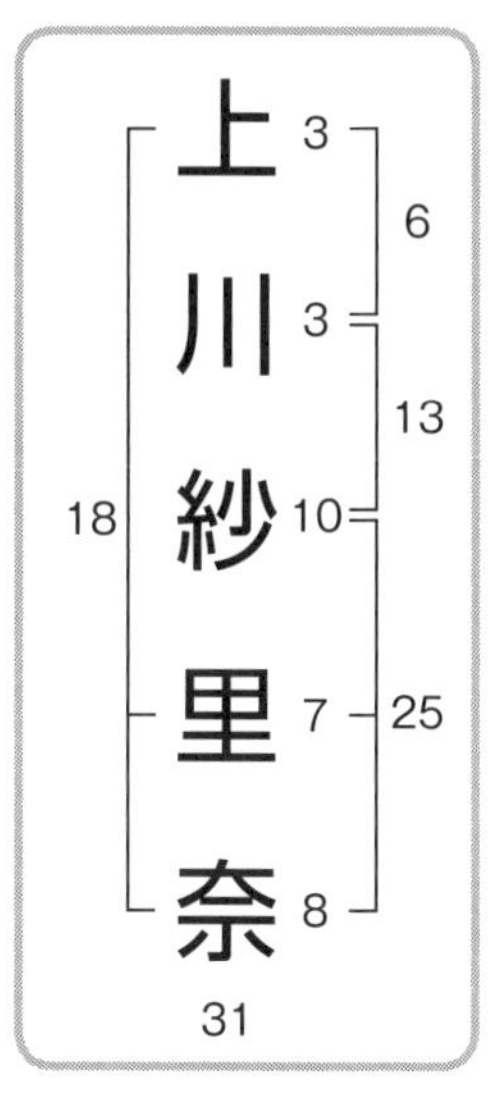

仕事運★★★
人間関係運★

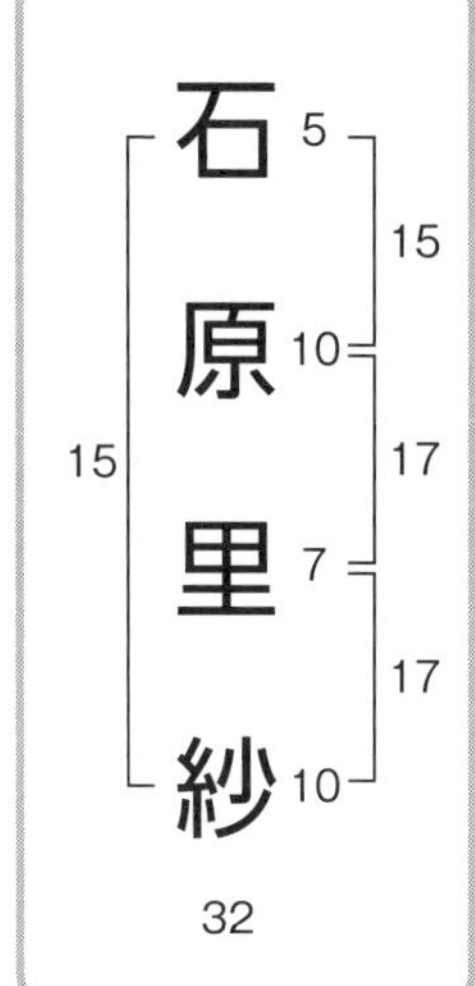

仕事運★★★
人間関係運★

仕事運★★★
人間関係運★

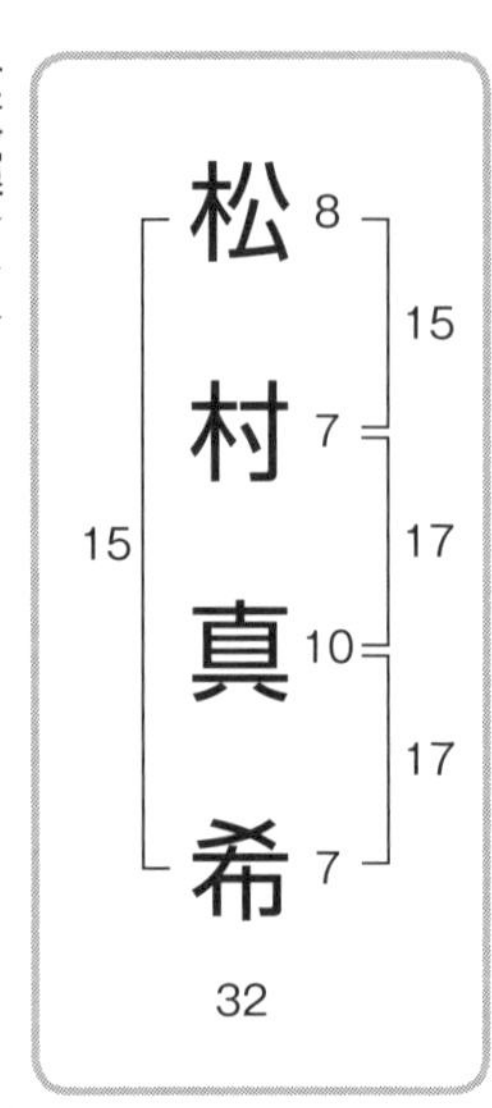

仕事運★★★
人間関係運★

●画数の注意点

・「恵」は12画（×10画）
・「裕」は13画（×12画）
・「藍」は20画（×18画）
・「実」は14画（×8画）
・「揮」は13画（×12画）
・「賢」は15画（×14画）
・「浩」は11画（×10画）

人間関係運（結婚運）の良い「なまえ」

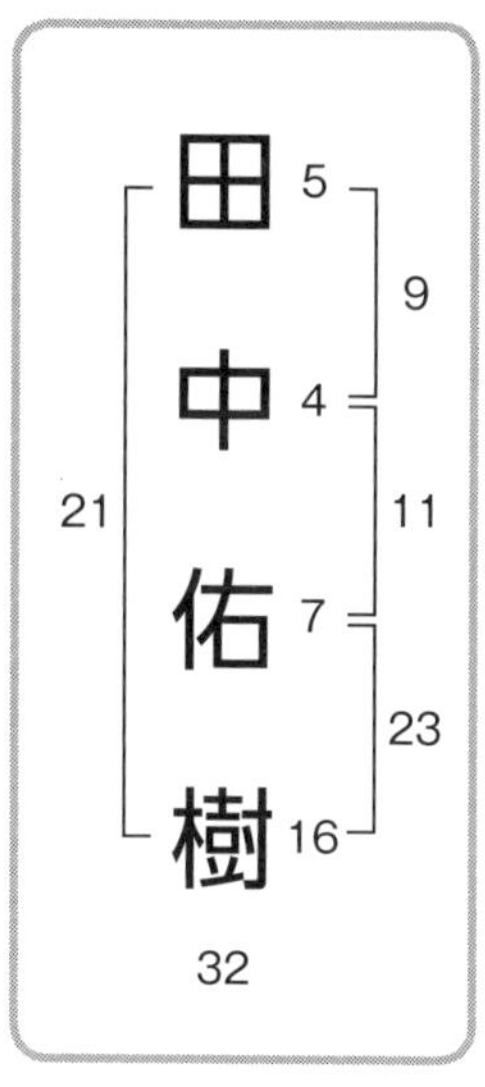

人間関係運★★★
仕事運★★★

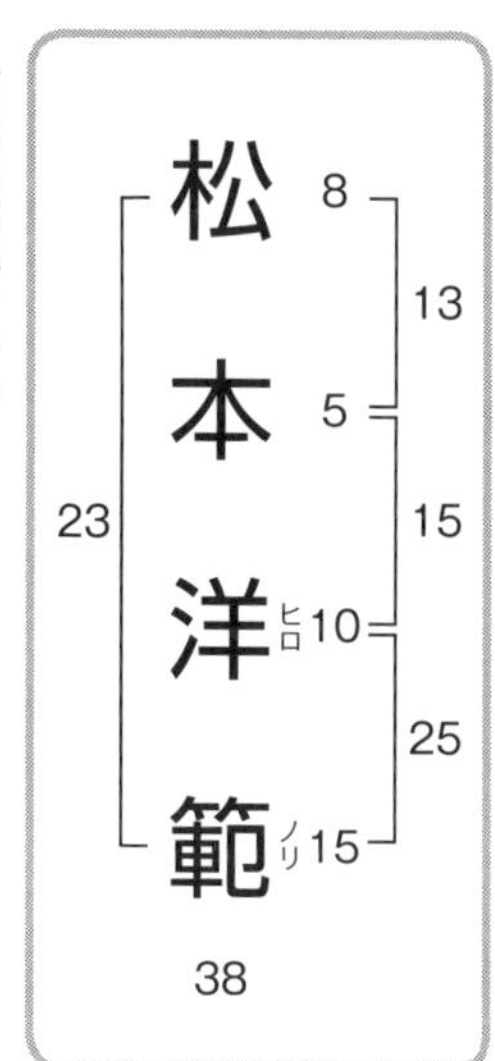

人間関係運★★★
仕事運★★

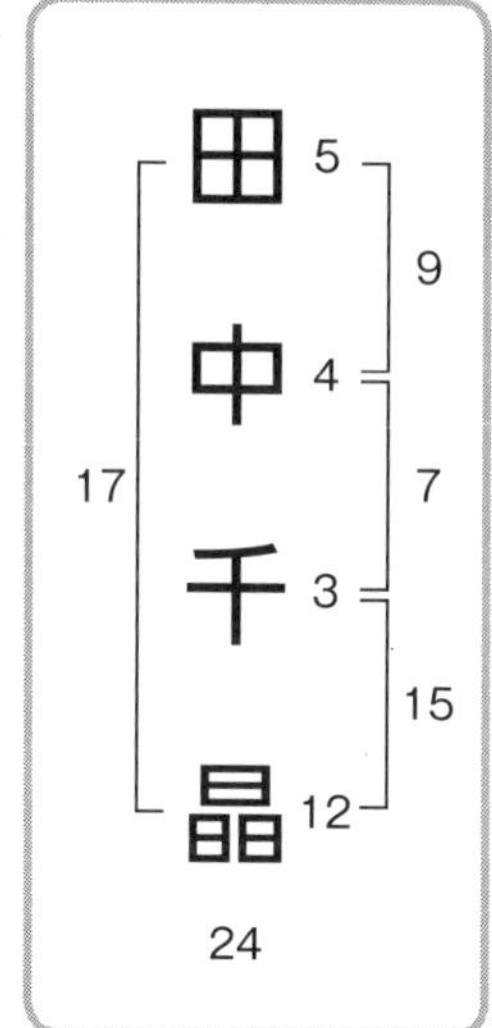

人間関係運★★
仕事運★★

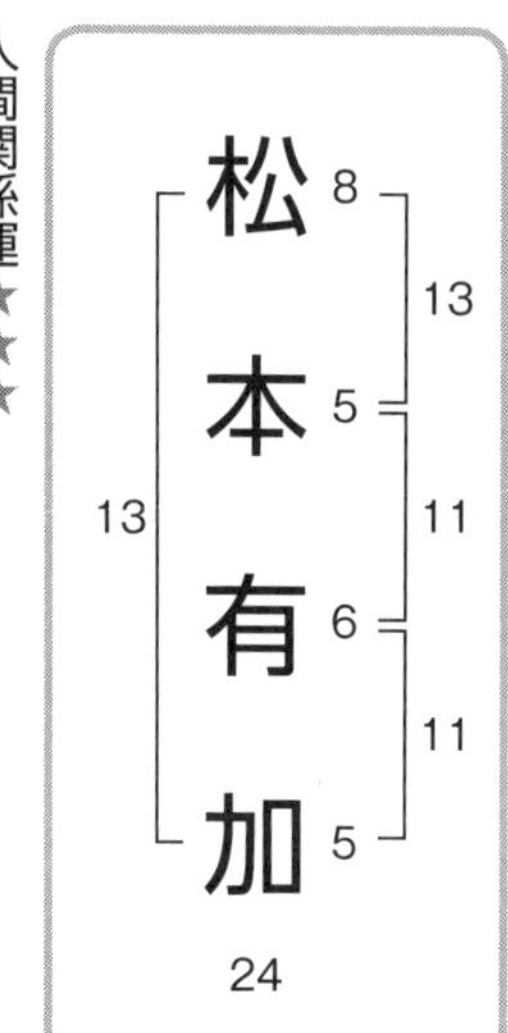

人間関係運★★★
仕事運★★★

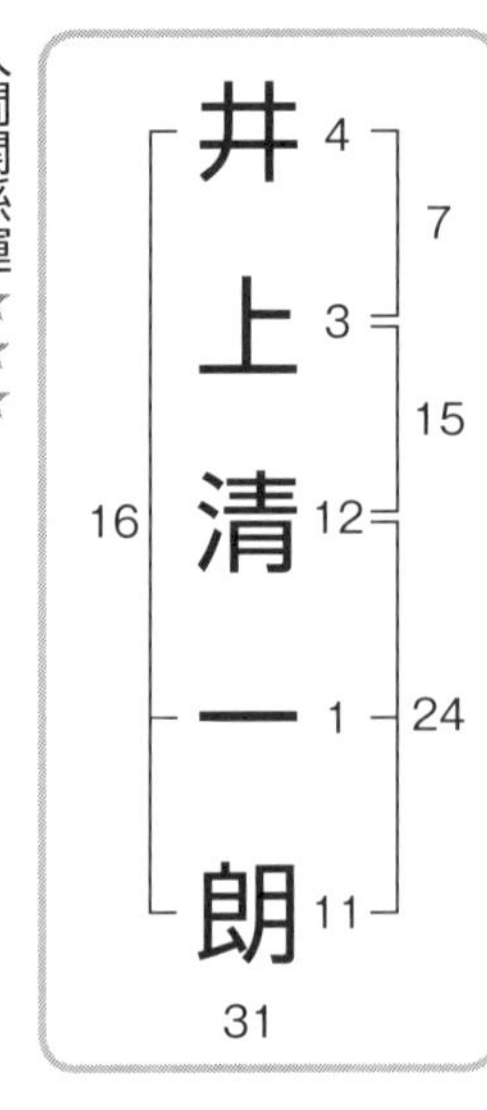

人間関係運★★★
仕事運★★★

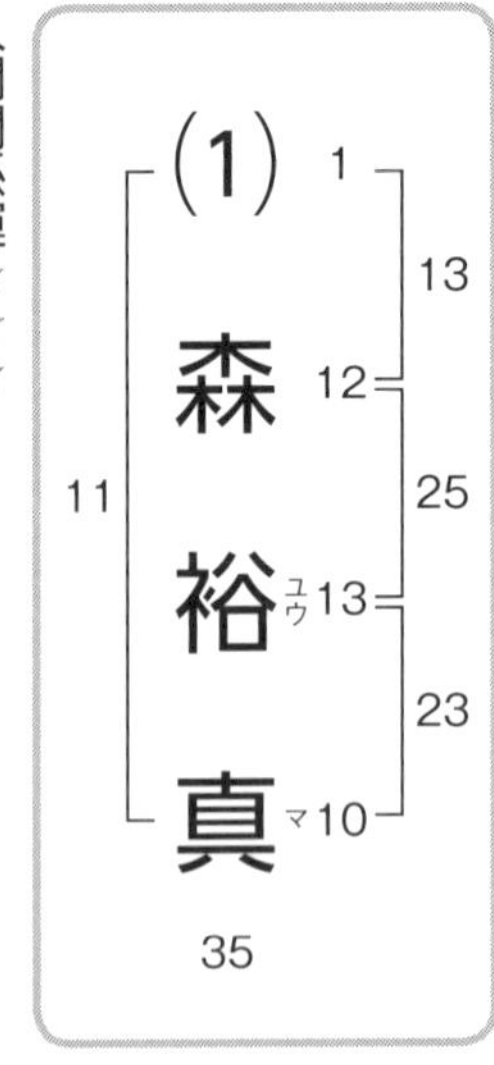

人間関係運★★★
仕事運★★

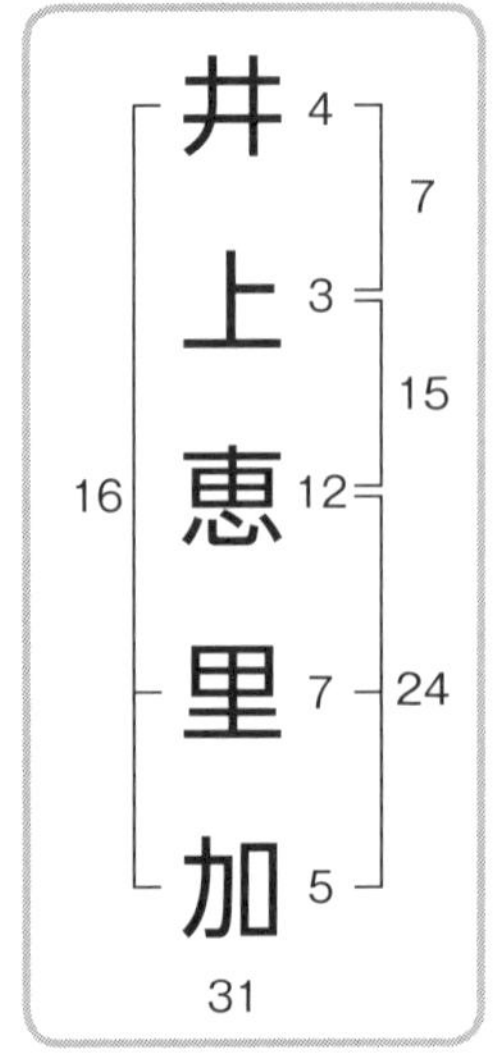

人間関係運★★★
仕事運★★★

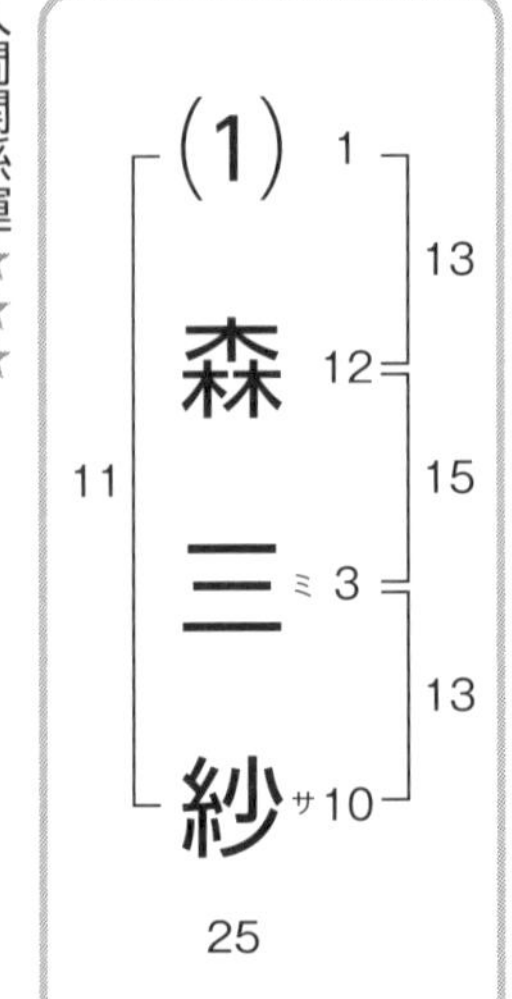

人間関係運★★★
仕事運★★★

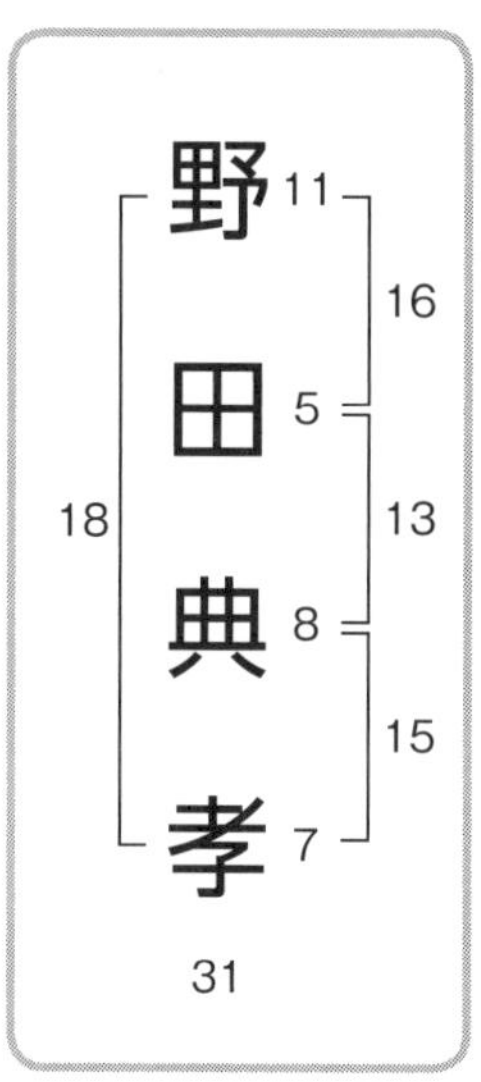

人間関係運★★★
仕事運★★★

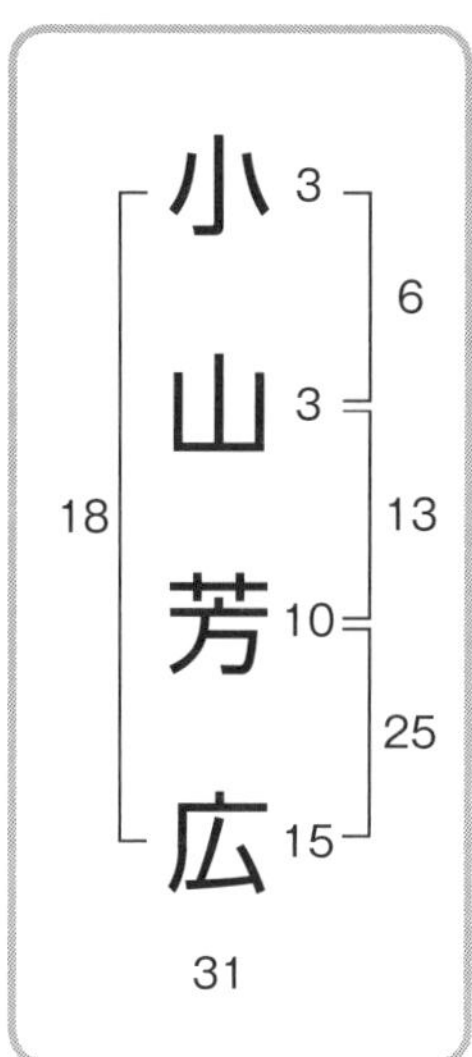

人間関係運★★★
仕事運★★★

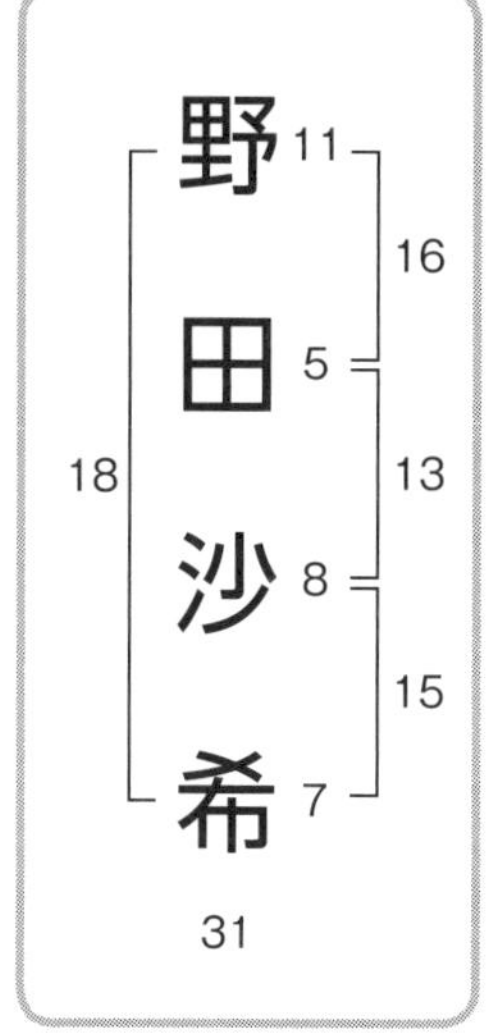

人間関係運★★★
仕事運★★★

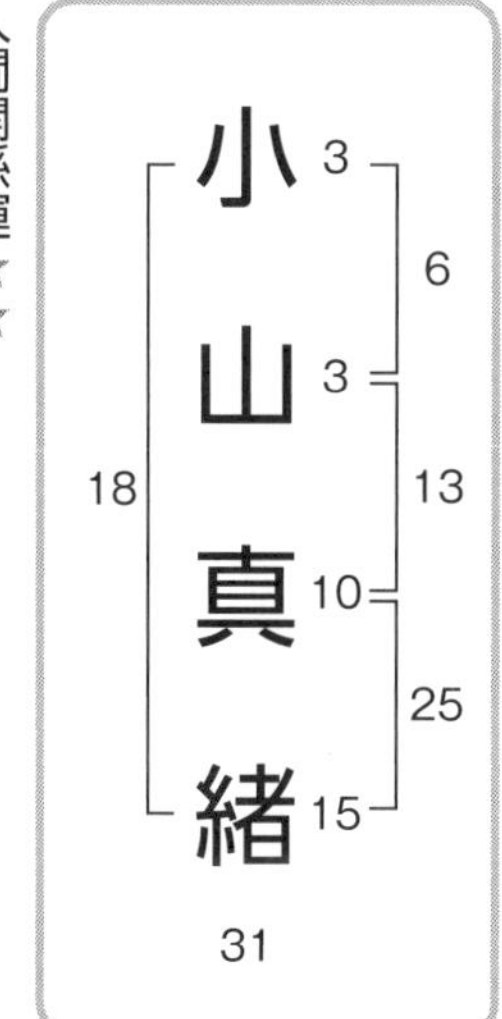

人間関係運★★
仕事運★★

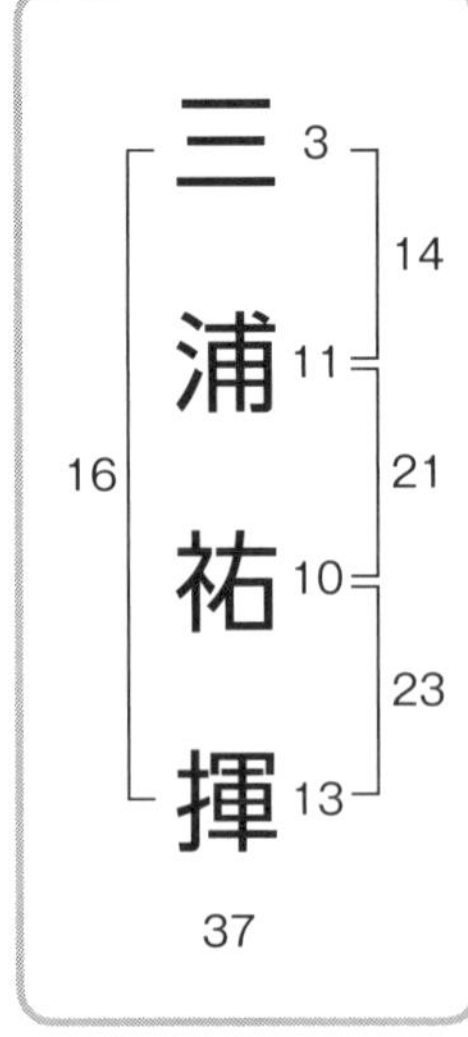

人間関係運★★★
仕事運★★★

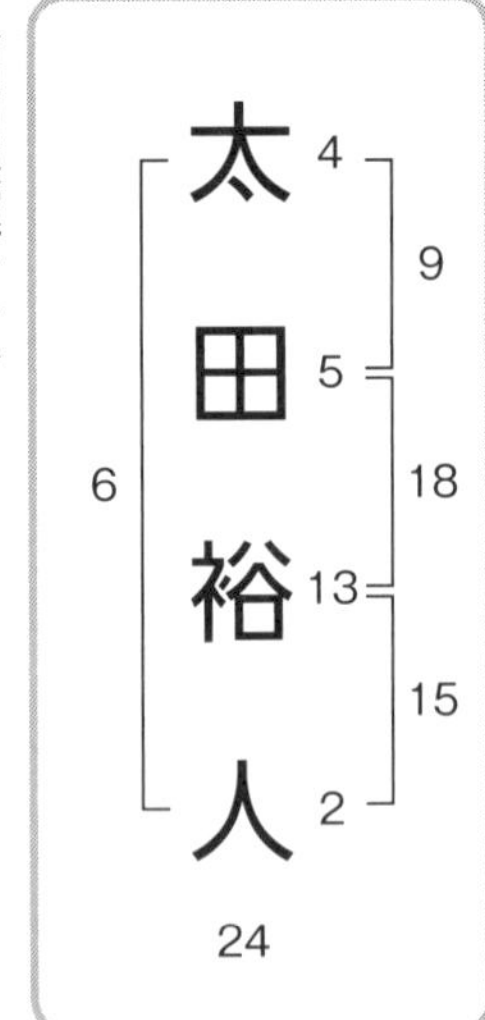

人間関係運★★★
仕事運★★★

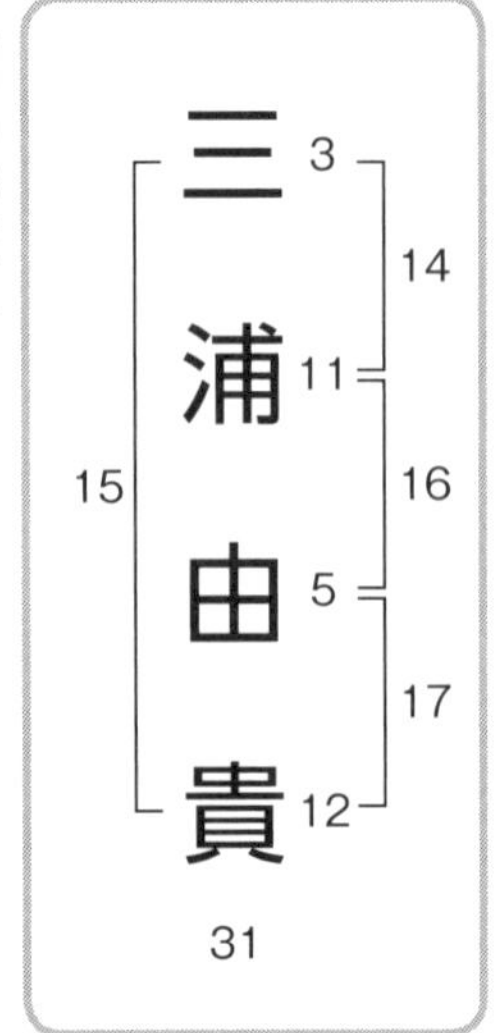

人間関係運★★
仕事運★★★

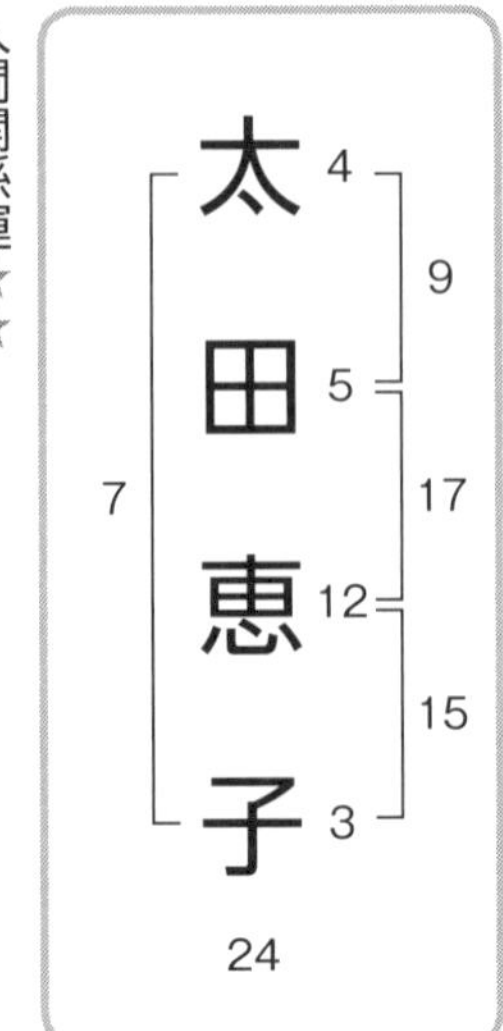

人間関係運★★
仕事運★★★

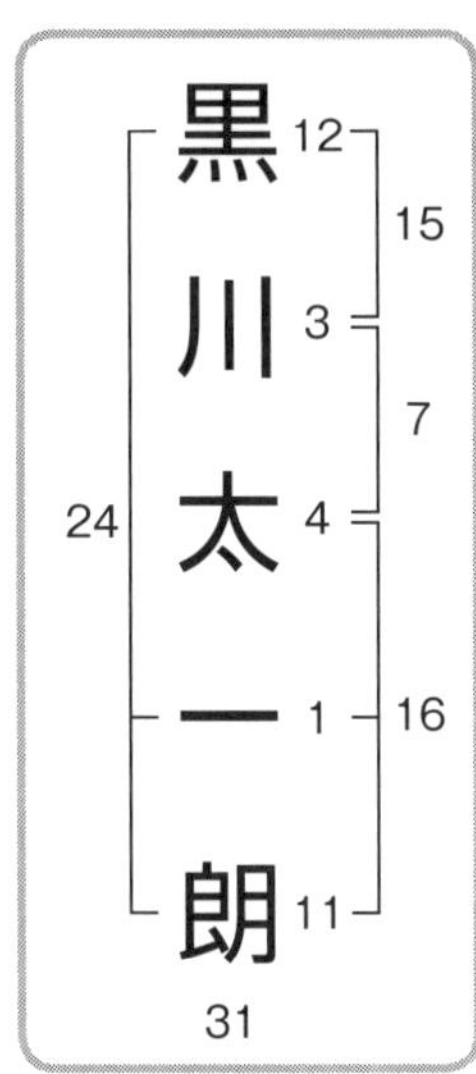

人間関係運★★
仕事運★★

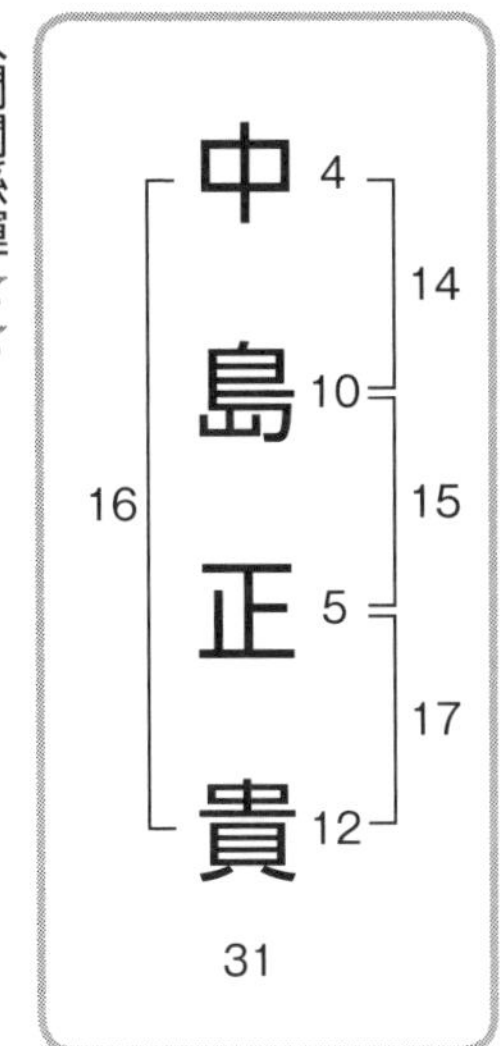

人間関係運★★
仕事運★★★

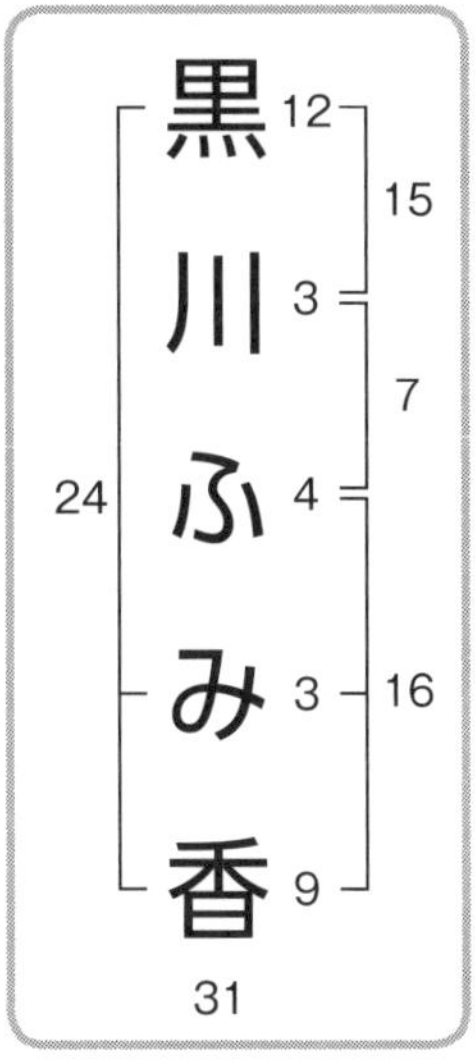

人間関係運★★
仕事運★★★

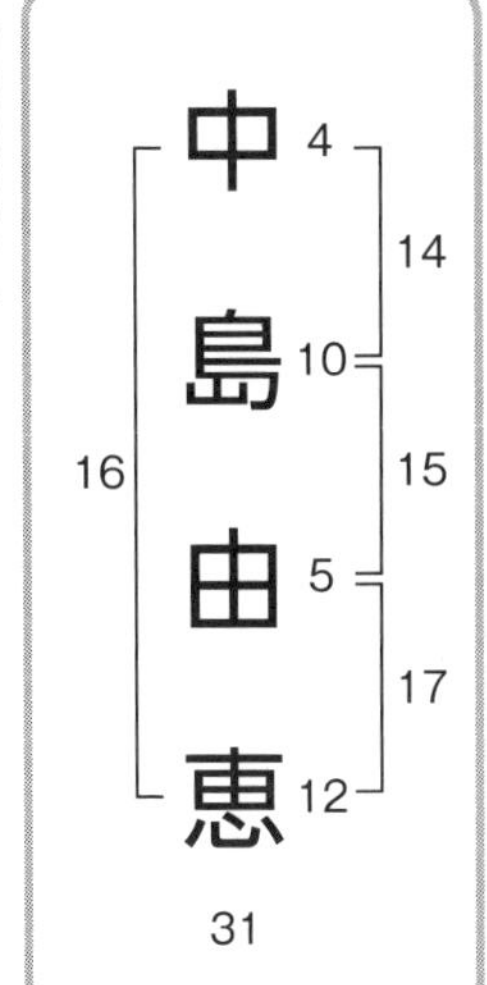

人間関係運★★
仕事運★★★

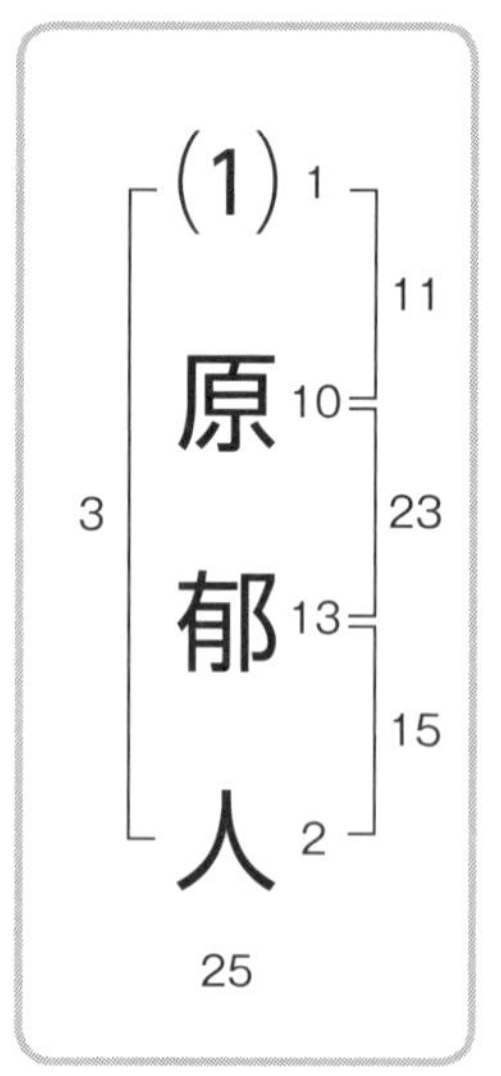

人間関係運★★★

仕事運★★

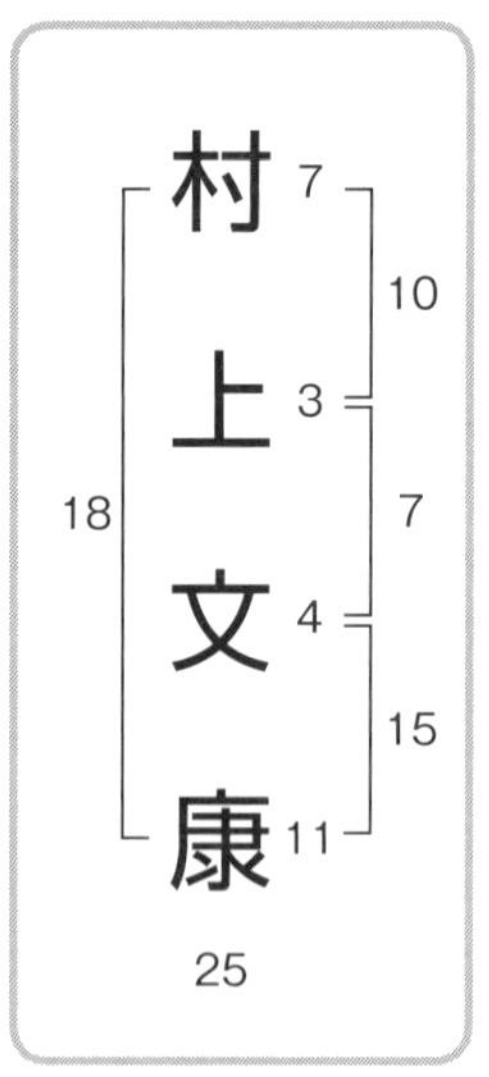

人間関係運★★

仕事運★★★

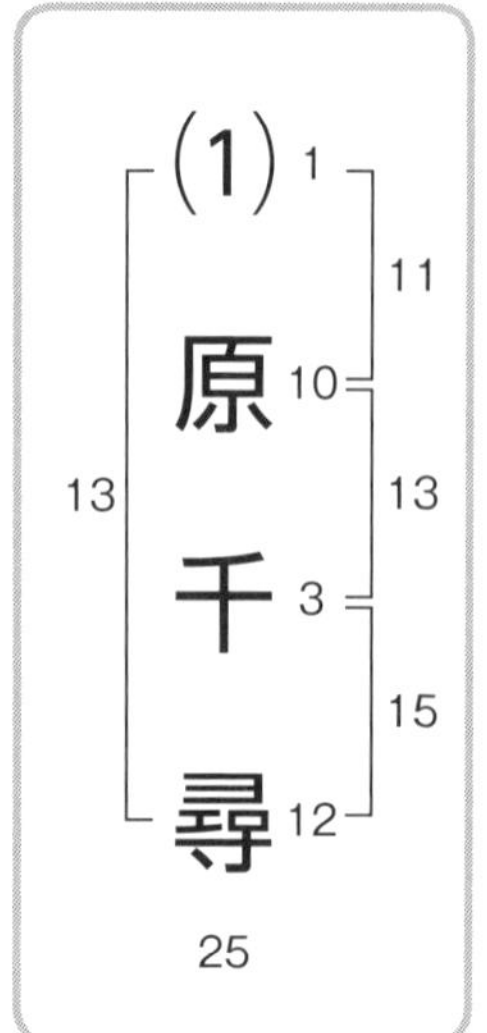

人間関係運★★★

仕事運★★★

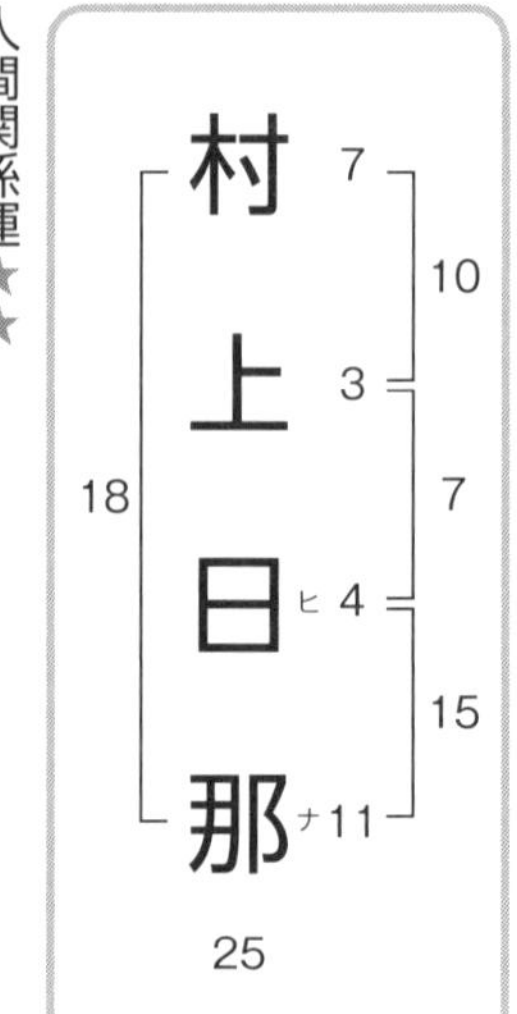

人間関係運★★

仕事運★★★

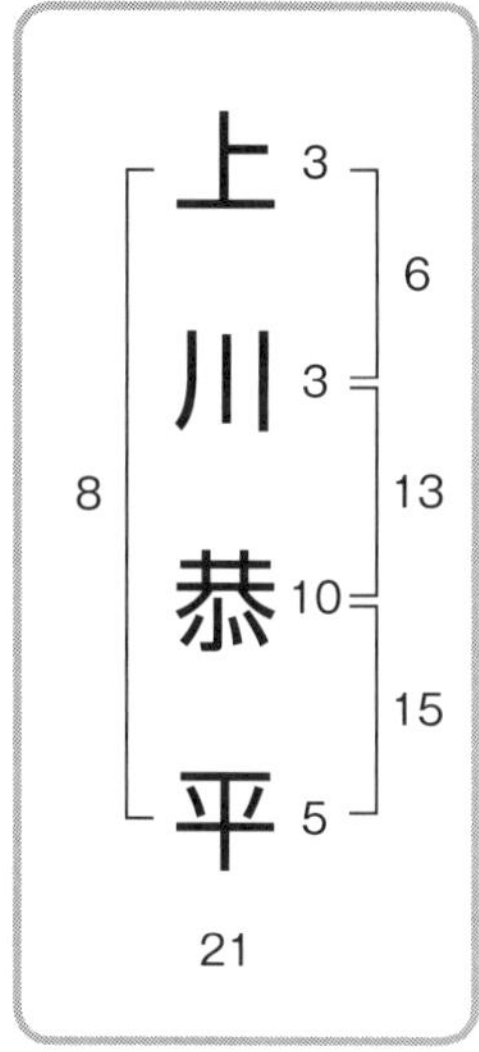

人間関係運★★★
仕事運★★

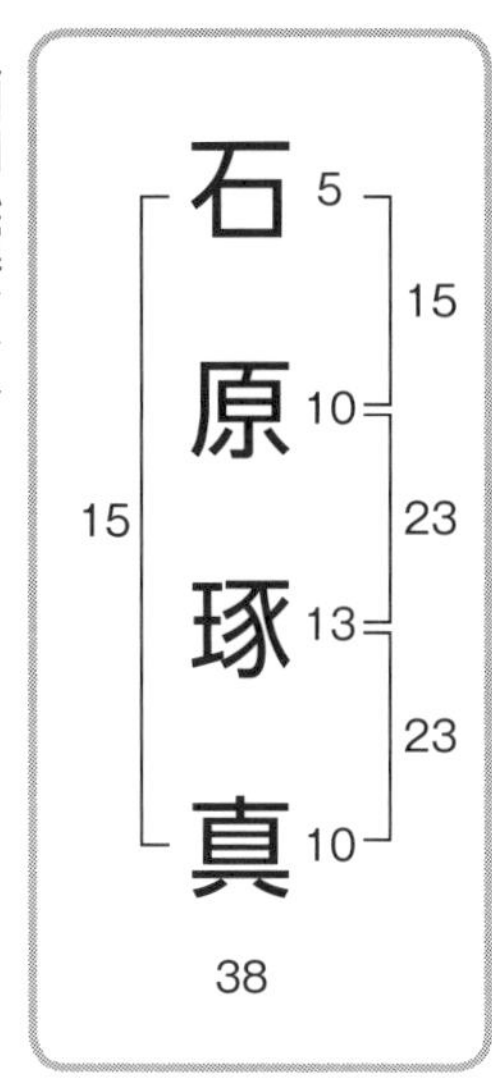

人間関係運★★★
仕事運★★★

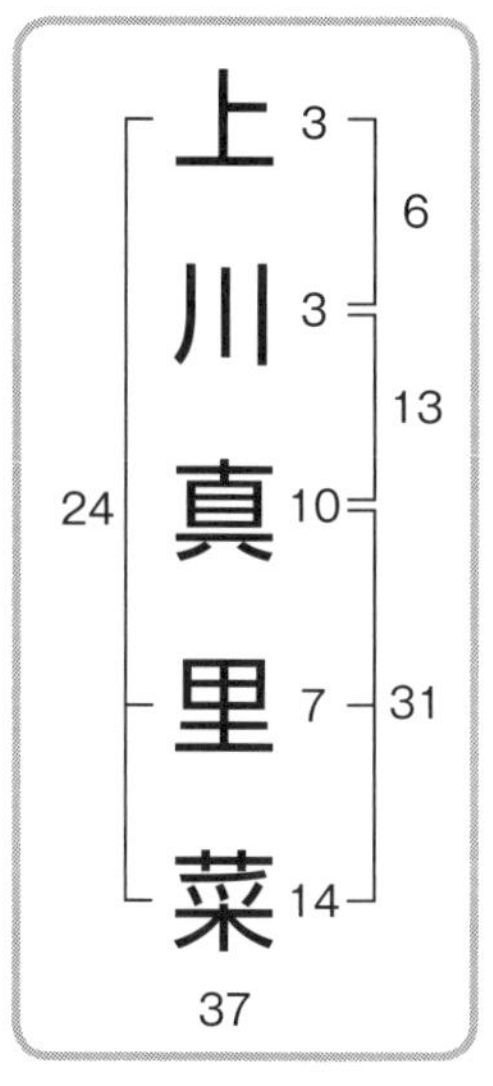

人間関係運★★★
仕事運★★★

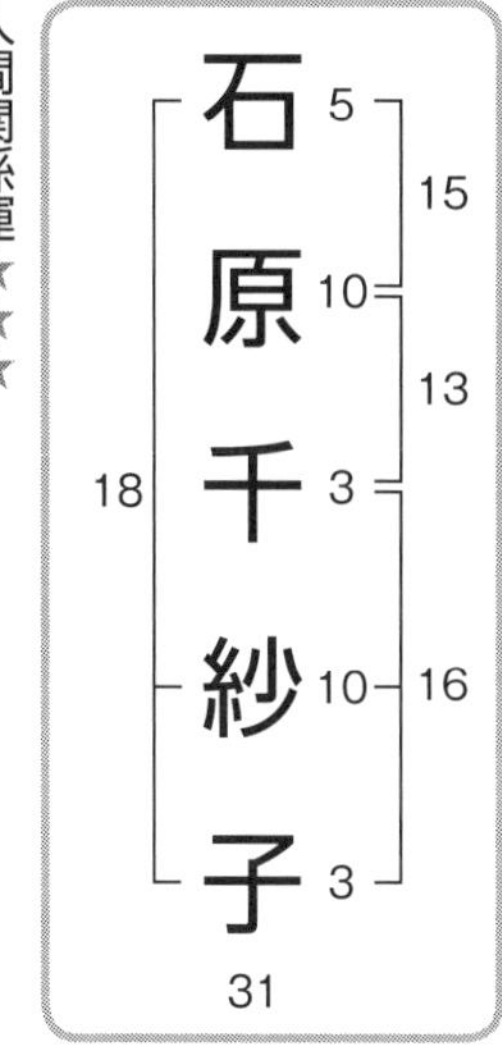

人間関係運★★★
仕事運★★★

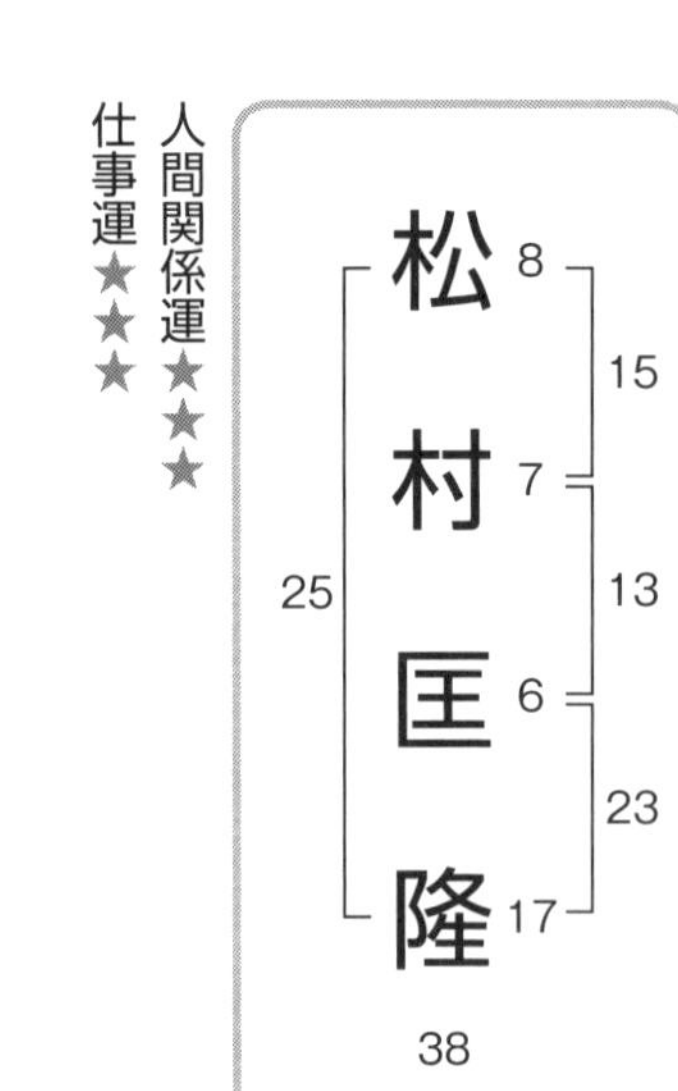

人間関係運★★★
仕事運★★★

人間関係運★★★
仕事運★★★

●画数の注意点

・「緒」は15画（×14画）
・「菜」は14画（×11画）
・「那」は11画（×7画）

・「芳」は10画（×7画）
・「琢」は13画（×11画）
・「郁」は13画（×9画）

第4章

名前を変えて得した人たち

~ケーススタディ

人生の荒波も「なまえ」の力で乗り越える

どんな方の人生にもバイオリズムがあります。

良い時もあれば、悪い時もあります。良い時ばかりが続くわけでなく、悪いことが続くこともありません。人生は、良いことと、悪いことが繰り返されます。

次のページの図をご覧ください。

（A）が一般人の運気のリズム（バイオリズム）だとすると、良い名前を持っている人のバイオリズムは、名前の力によって（B）へと押し上げられています。

良い「なまえ」に改名した場合も、それまでのバイオリズム（A）から、「なまえ」の力で（B）へとレベルアップします。

もちろん、運気の波が下降する局面もありますが、（A）のレベルまでは下がりません。名前の力がはたらいて、比較的悪くならずに再び上昇機運に戻っていきます。もちろん、良いことのレベルもアップしています。

良い名前に改名しても、悪いことがゼロになるわけではありませんが、病気をしても回復が早い、ケガをしても大ケガにならず軽くてすむなど、困難にあっても比較的軽くてすむのです。

バイオリズムに与える影響の大きさを比べると、生年月日と名前では名前の影響の方が大きいです。

みなさん意外に思うかもしれませんが、人生に大きな影響を与えるのは名前なのです。

生年月日が同じ人のバイオリズムが必ずしも同じにならないのは、名前の力が違うからなのです。

では次に、私が実際にご相談を受けた方の「改名体験談」をご紹介します。

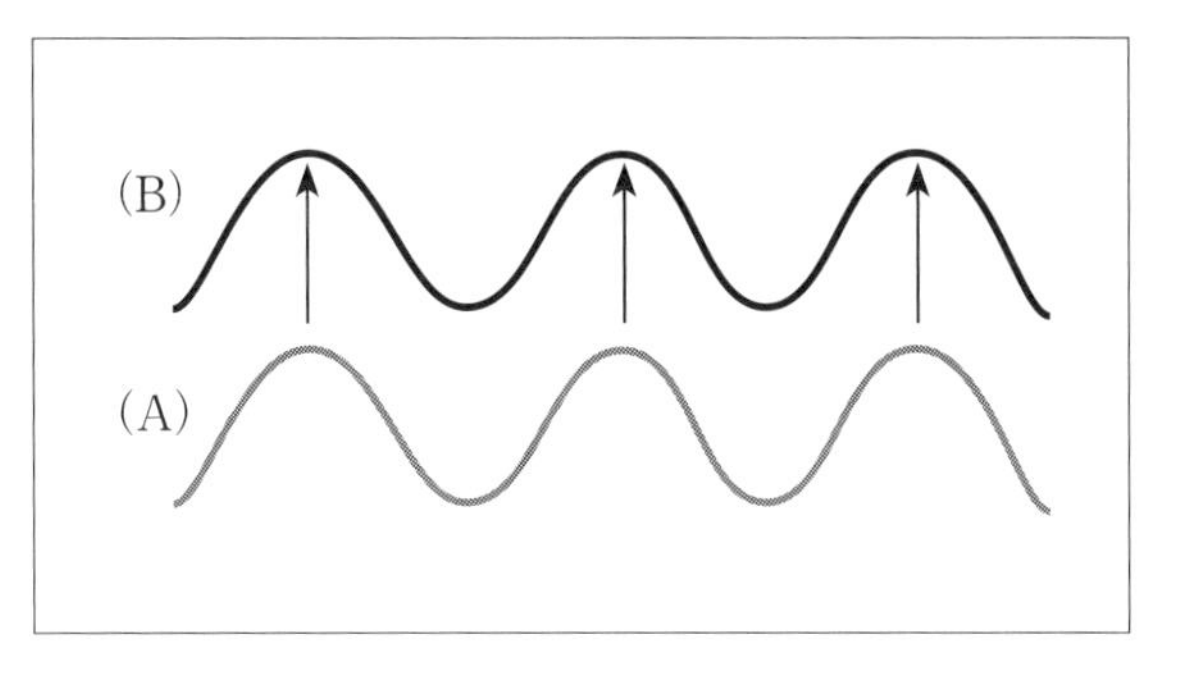

ケース❶

28年勤めた会社の降格人事で役員を解任、改名後に好待遇で転職に成功

～横田昌道さん（仮名・50代男性）の場合

「役員を務めていたのに、急にそのポジションを外されて。仕事はやりがいのないもので、この先どうすべきか悩んでいます……。」

こう話された横田さんは埼玉県内にお住まいの方でした。たまたま『いろはに千鳥』に出ていた私を見て、サロンのホームページ（http://www.green－essence.info/）をご覧になって訪ねて来られました。

横田さんはとても紳士的な柔らかい物腰の方で、「この方のどこが悪かった

のかしら？」と思うくらい素敵な方です。

不動産関係で名の知れた大企業に入社以来28年。真面目に勤め上げて役員のポジションにまで昇格、あと10年で定年というところまで来ての降格人事でした。

やりがいのないポジションで不安定な契約となれば、このまま長年勤めた会社に残るべきか、それとも転職すべきかは悩むところです。

横田さんは家族のススメもあり、その時、すでに転職活動を始められていました。しかし、年齢のこともあり、なかなかうまくいっていないようで、「この先、自分の人生はどうなってしまうのだろう」と追い詰められ、だいぶお疲れのご様子でした。

横田さんはもちろん改名をしようと思ってご相談にいらっしゃったのではありません。会社に残るべきか、転職すべきか、答えが出せずに迷っていたのです。

でも、お名前を拝見すると、はっきり今回の問題が現れていました。

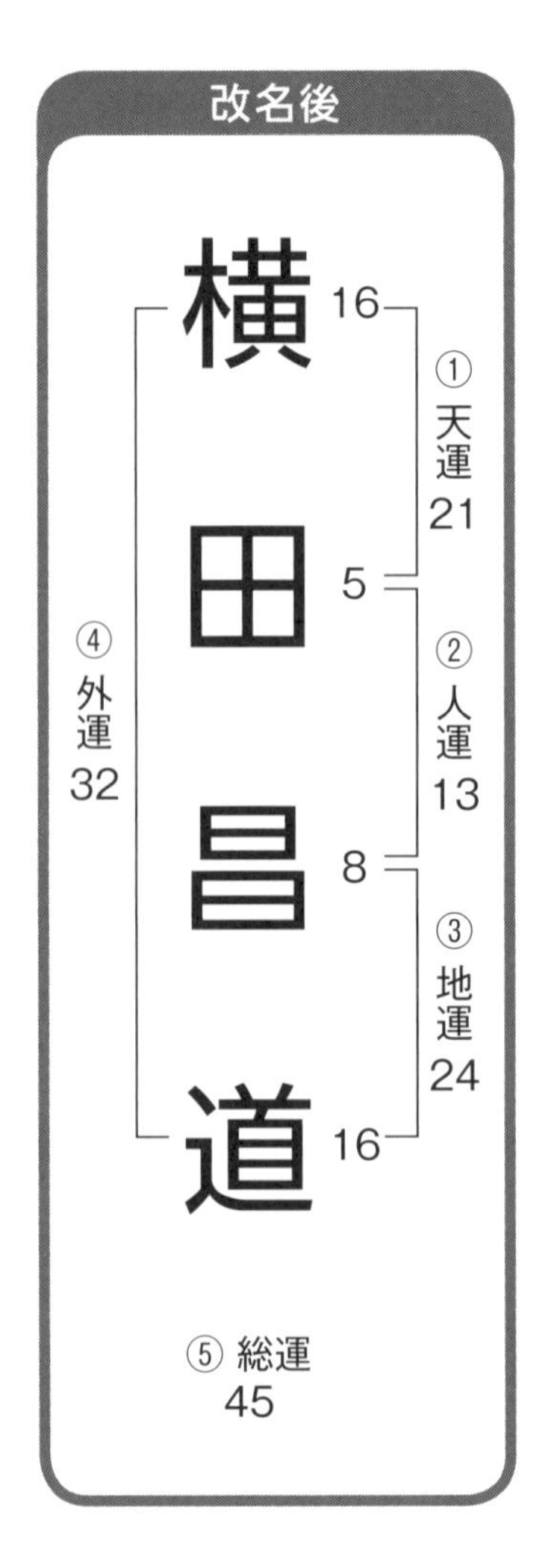
改名後
横
田
昌
道
16
5
8
16
① 天運 21
② 人運 13
③ 地運 24
④ 外運 32
⑤ 総運 45

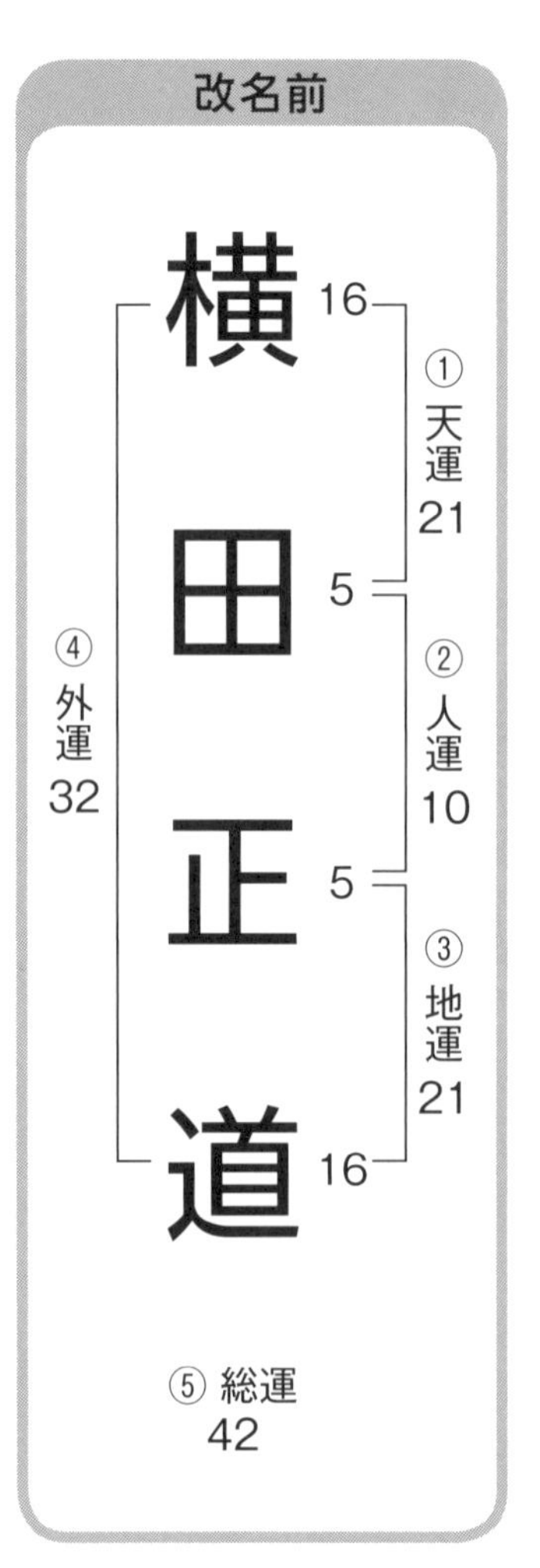
改名前
横
田
正
道
16
5
5
16
① 天運 21
② 人運 10
③ 地運 21
④ 外運 32
⑤ 総運 42

横田さんの人運は「10」。ゼロを含む数字は第2章でお伝えしたように、

・物事が突然ストップする状況に見舞われる
・それまで苦労して積み上げたことが水の泡になる

という暗示のある数です。この数字が、運勢の心臓部である「人運」にあるということは、ご本人にも結構なダメージがきていると思われます。

さらに、横田さんの手相を拝見させていただくと、同じ会社にとどまっていても、今後仕事運が上がっていくことはなさそうでした。

そこで、「改名されたうえで、これまでのキャリアを活かす転職にチャレンジしたほうが良いのでは」と名前で損しないようにアドバイスしました。

「読み方が同じ『まさみち』になるように、正を征にした『征道』はどうですか？これで、人運の大凶数（10）が、吉数（13）になります」と提案。この画数は

仕事運が強運になるため、転職の良いご縁が生まれる数字です。

すると、横田さんから、「『昌道』はどうですか？　実は以前、こちらの漢字を使っていたのですが最近、元に戻していたのです」とのこと。

画数的には「征」も「昌」も、どちらも8画ですから問題はありません。それで、最初に改名した「昌道」へ戻すことになりました。

以前、なぜ改名されたのか詳細についておうかがいすることは差し控えましたが、名前の漢字を変えるということは、その時に何か解決したい悩みか問題があったのでしょう。

そして、一度改名した名前を元に戻したということは、当面その問題は解決したのではないでしょうか。

ここからは「たられば」になってしまいますが、もし、横田さんがずっと「昌道」を使い続けていたら、今回の問題は起きていなかったかもしれません。

ここでひとつ、セルフ改名をされる方にアドバイスがあります。

一度改名した「なまえ」は元に戻さないでください。

元に戻すと、悪い流れが一気に押し寄せることがあります。

横田さんの場合も、「昌道」から「正道」に戻してから降格人事や転職での苦労など、一連の悪い流れが起きています。

名前で損していたのです。

最終章でもお話ししますが、改名にあたっては、「この名前で生きていく」という覚悟をもって、**新しい「なまえ」を使い続けていただきたい**と思います。

横田さんからはご相談から数カ月後、**「先生、良い転職が決まりました!」という、嬉しいご連絡をいただきました。**降格人事をされた会社に見切りをつけ、現在は、今までのキャリアを生かした仕事に就いて、活躍されています。

▼改名の効果を最大限にするために

私の改名後のアドバイス

・名前の「正」を「昌」に改名して、ノートに毎日書くこと。
・公的な書類以外では、できるだけ「昌」を使うこと。たとえば、ＳＮＳやショッピング（ポイントカードなど）において、積極的に使うこと。

横田さんの改名後の実践

・毎朝出勤前に、改名をした日に買ったノートに半ページ分、名前を書く。
・公的な書類以外では、「昌」を使う。

ケース❷

ブラック企業をパワハラ嫌疑で退職。改名後に転職、年収数百万円アップ

～米倉千絵さん（仮名・30代女性）の場合

中井さんはライターのお仕事をされている30代の女性。

サロンにご相談に来られた時は、仕事がきつい割にはお給料が安い、いわゆる「ブラック企業」にお勤めでした。

毎日14時間以上働いてもボーナスは無かったり、休日返上で働かされたり、経費である交通費すら出してもらえない、人間関係もギスギスという、信じられない職場だったのです。

中井さんは、いわゆる「できる人」という印象でしたが、このままブラック企業で働き続けることに不安を抱えていて、どうにか今よりよくなりたいと思い、友人に紹介されて、私のサロンにいらっしゃいました。

中井さんは最初から「名前を変えてほしい」というご意向でしたので、さっそく今のお名前をみてみましたが、お名前は中ぐらいで、大凶ではありませんでした。しかし、人生の後半が決まる総画が損する画数でした。

心機一転、新しい世界で、よりよりスタートを切りたいという強い意気込みが感じられましたので、姓（苗字）も含めて、ガラリと変えることを提案しました。

ご相談者の方は、改名によってその後の状況が良くなれば、特に私に連絡を取る必要がなくなります。「便りのないのが、良い便り」なのです。

米倉さん（改名前の中井さん）も同様に便りがありませんでしたが、改名してから約1年半後に改名後の状況をおうかがいしたころ、案の定、良い運気の

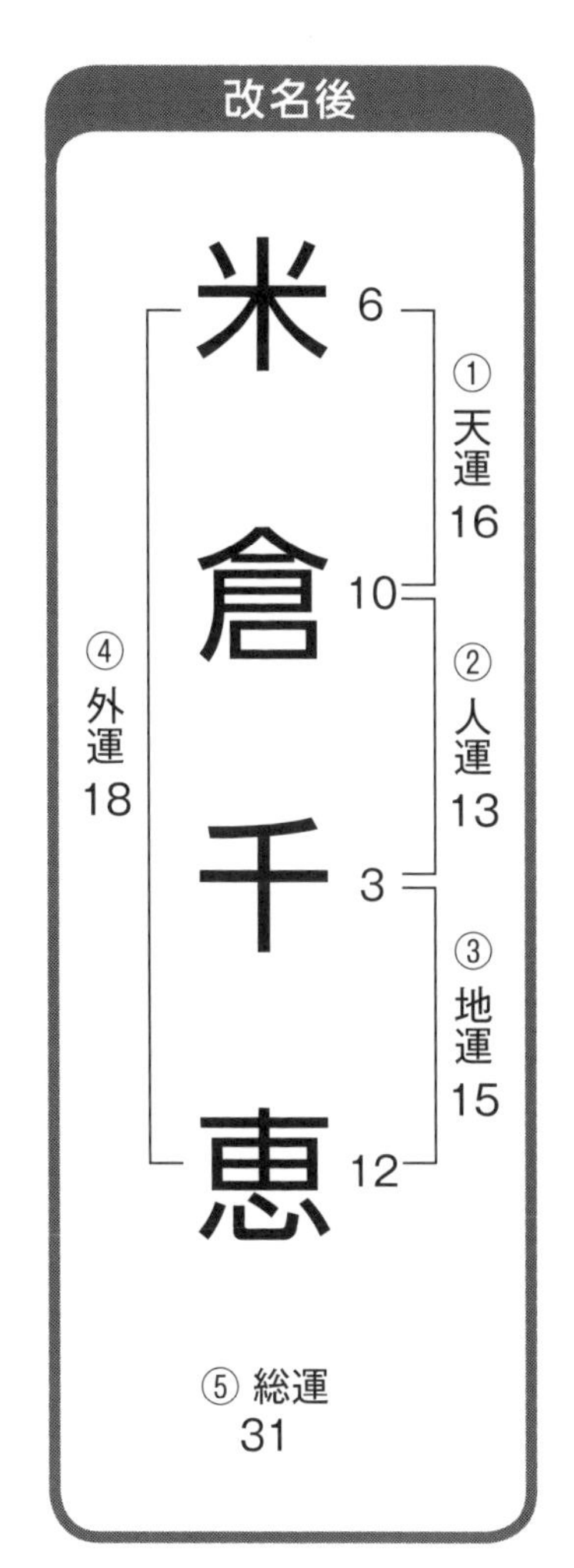
改名後
米 6
倉 10
千 3
恵 12
① 天運 16
② 人運 13
③ 地運 15
④ 外運 18
⑤ 総運 31

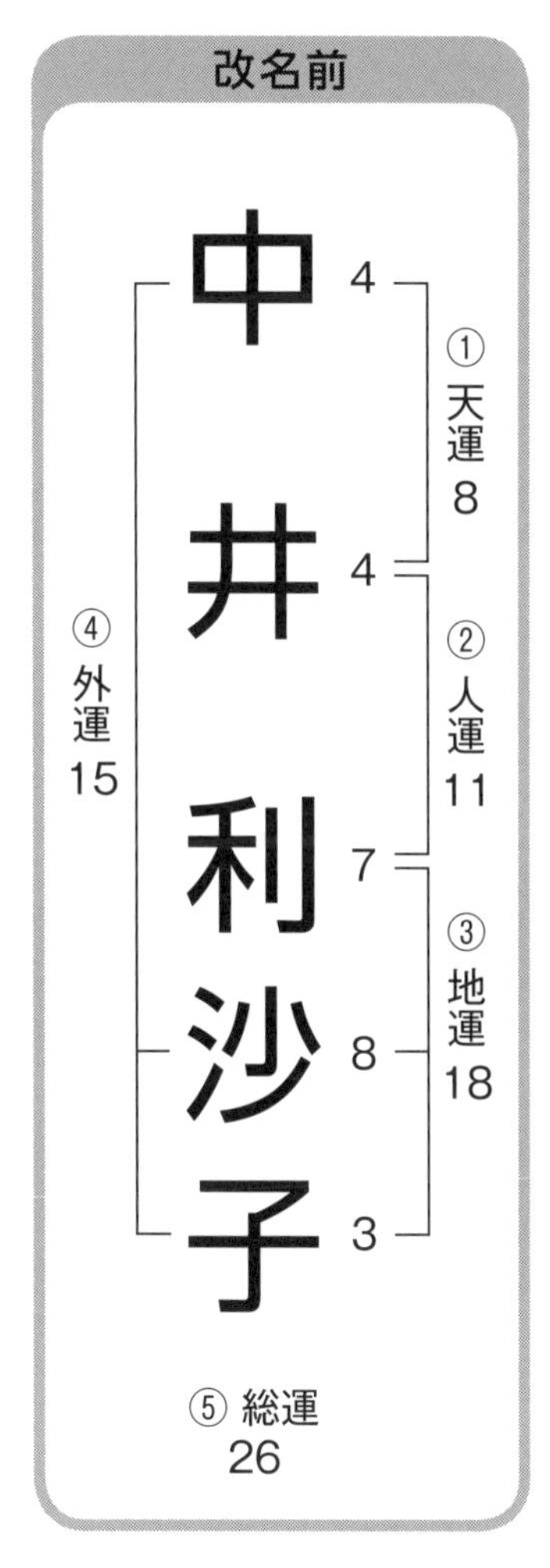
改名前
中 4
井 4
利 7
沙 8
子 3
① 天運 8
② 人運 11
③ 地運 18
④ 外運 15
⑤ 総運 26

流れに乗っていました。

悩まされていた職場は、改名したにもかかわらず、部下の退職の責任問題に巻き込まれて退職したとのことです。ただ真面目に仕事をして、成果を出して、少なくても食べていけるお給料があればと思っていたにもかかわらず、尽くした会社に、部下の責任をとらされるという最悪な形で退職に追い込まれたようでした。改名したのに…と思ったそうです。

しかし、それでも、改名した「なまえ」を使い続けてくださいました。

すると、この退職後に、優良企業に転職されたそうです。

社会貢献できるやりがいのある仕事を、スキルの高い先輩や後輩と一緒に仕事ができるようになっただけでなく、年収も数百万円アップしたとのことです。

振り返ってみると、最悪な形での退職だったけど、その出来事がなければ退職できていたかわからず、会社を辞めるために必然の出来事だったのだと思っているそうです。

さらに、住むところも、友人に紹介してもらった都内のマンションに相場15万円ほどのところ4万円で住めるなどの幸運がつづいているようです。

姓も含めてガラリと変えたので、それだけ「なまえ」のエネルギーもアップしたようです。

まさに、最強の「なまえ」を手に入れてそれまでとは違うステージでエネルギッシュに活躍されていらっしゃる様子でした。

最強の「なまえ」は、強運を運んでくれます。

一見、良くない出来事にみえても、良い運気になるために必要な出来事ですので、くじけずに、諦めずに「なまえ」を使い続けてください。

ケース❸

働き盛りに体調崩しがちだったが、改名後にはまったく心配しなくなった

~松原正晃さん（仮名・40代男性）の場合

松原さんは、私の仕事で知り合った映像関係の仕事をしている方で、とても楽しそうにバリバリと仕事をしている様子でした。

しかし、少し顔色が悪かったため、気になって姓名判断をしたところ、このまま仕事で成果を出せば出すほど、体調を崩してしまう名前であることがわかりました。

そこで、改名を提案しました。

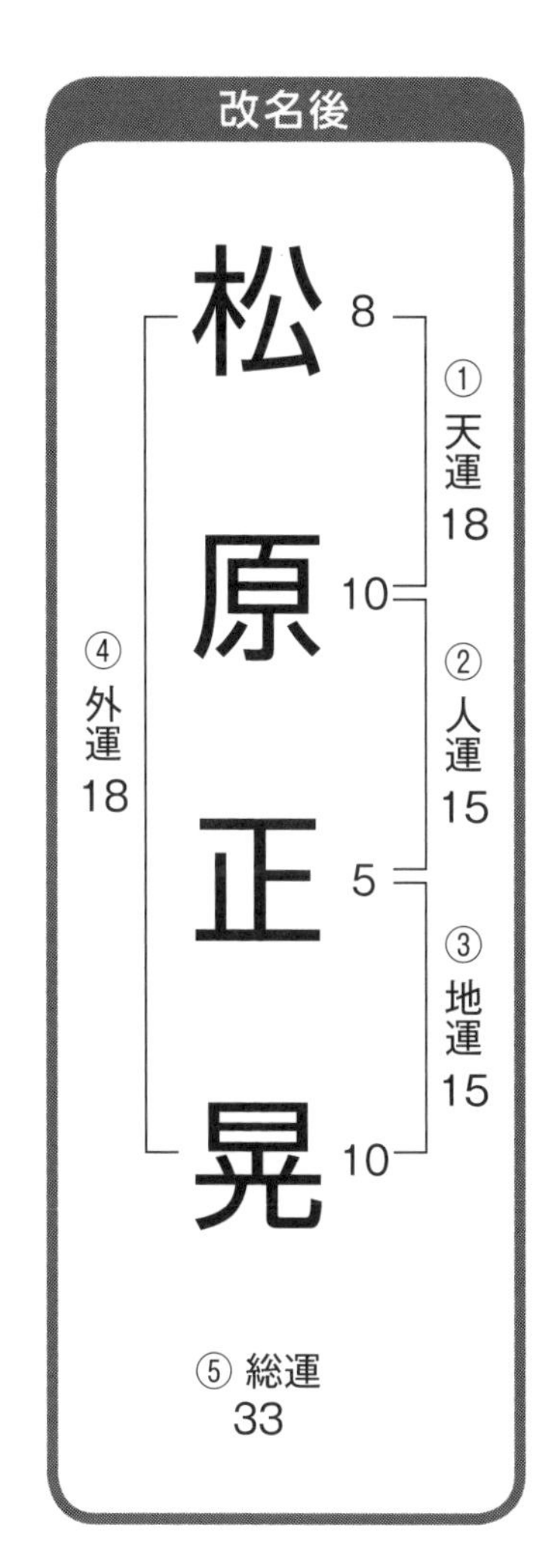
改名後
松
8
原
10
正
5
晃
10
① 天運 18
② 人運 15
③ 地運 15
④ 外運 18
⑤ 総運 33

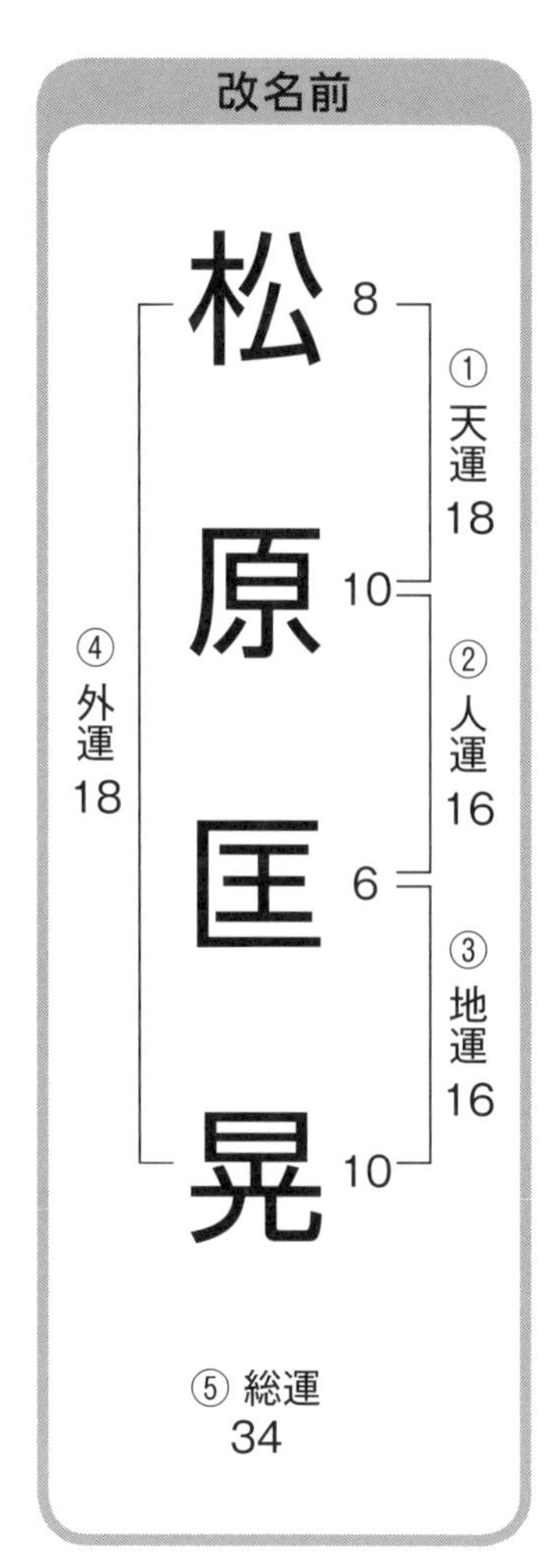
改名前
松
8
原
10
匡
6
晃
10
① 天運 18
② 人運 16
③ 地運 16
④ 外運 18
⑤ 総運 34

名前の「匡」という漢字を「正」に変えただけで、読み方は変わりません。しかし、松原さんによると、改名前は、仕事がうまく言っている時ほど体を壊してしまいがちだったのが、現在は仕事も絶好調で体調をほとんど崩すこともなく万全に仕事ができているとのことでした。

1章で説明しましたが、**名前は健康にも大きくかかわってきます**。松原さんは、総運が「34」であり、仕事運が良くなればなるほど健康運が悪くなるという画数になっていました。そして、実際その通り、ご本人に表れていました。

どんなに予防しても体調を崩しやすいという方は、一度、このように**ざんねんな画数になっていないか、2章で説明した凶画の頁だけでも、見直してみてください**。

ケース④

仕事やプライベートの人間関係に悩まされていたが、改名後は幸運が重なるとともに、何事にも前向きになった

～山岸加奈さん（仮名・30代女性）の場合

山岸さんは出版関係の会社に勤めている30代女性。

「いろはに千鳥」の番組をみて、私のサロンへ訪れて来ました。改名して運気が上がっていくということに興味を持たれてはいたものの、山岸さん自身は改名をする必要がないと思っていたようです。

しかし、線が細く虚弱な印象を受けたため、姓名判断してみたところ、山岸さんがこのまま働き続けていたら、大きな病にかかって命を脅かすことになるという可能性が高い名前でした。

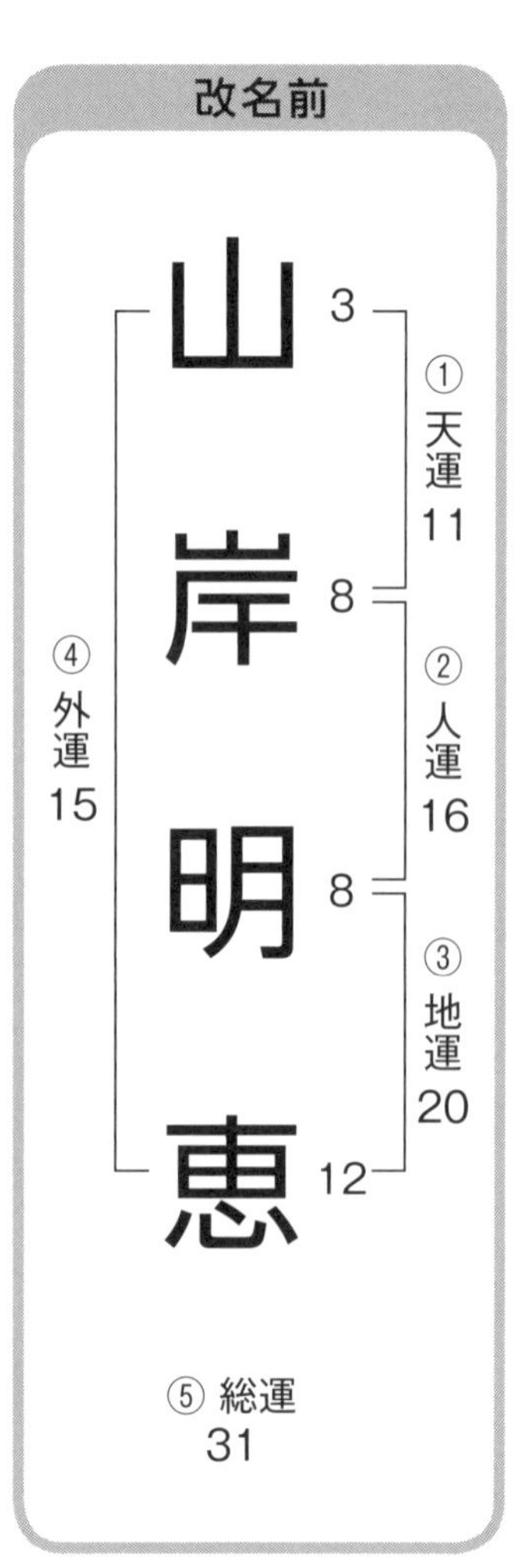
改名前
山 3
岸 8
明 8
恵 12
① 天運 11
② 人運 16
③ 地運 20
④ 外運 15
⑤ 総運 31

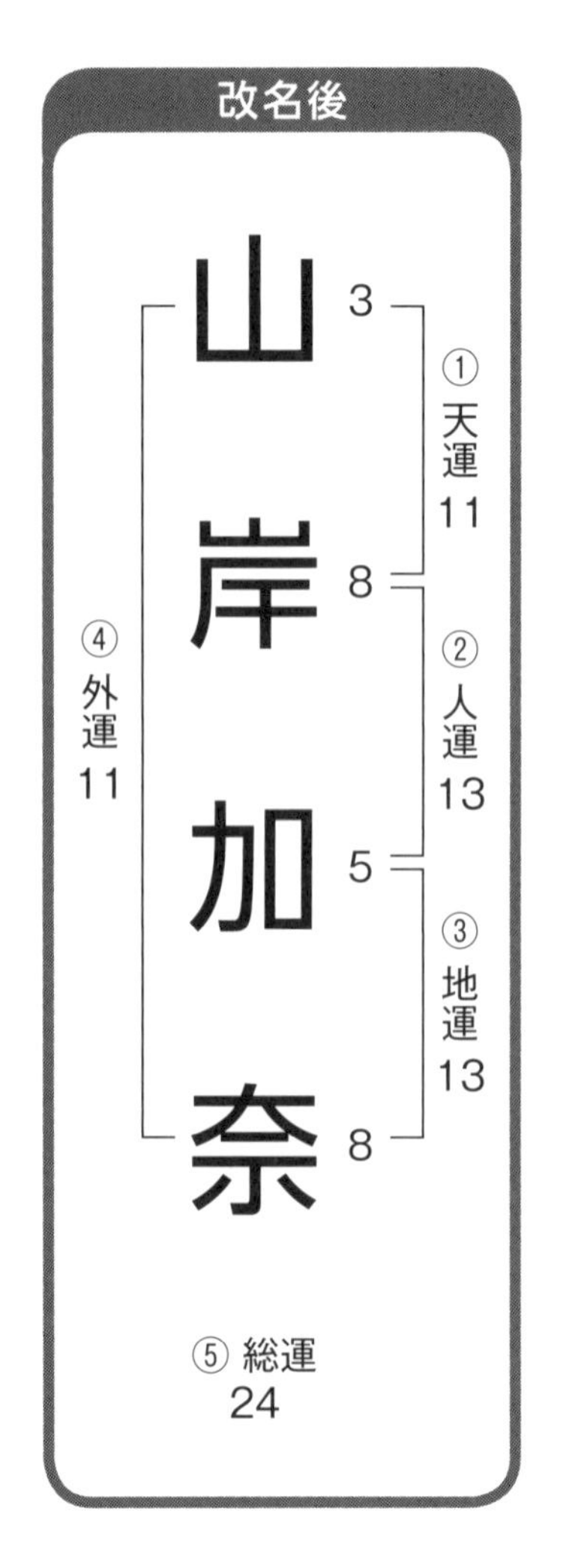
改名後
山 3
岸 8
加 5
奈 8
① 天運 11
② 人運 13
③ 地運 13
④ 外運 11
⑤ 総運 24

また、今まで積み重ねてきたものが、一気に消える、突然ストップするというたいへん苦労の多い人生になる名前でもありました。

そこで、改名をすすめたところ、二つ返事で改名を受け入れてくれました。

山岸さんは、**大学ノートに改名後の「なまえ」を毎日半頁から2頁程度書く**ようになり、**メールのアドレスやアカウントも新しい「なまえ」に合わせたもの**に**変更し**たそうです。また、会社にお願いして**新しい「なまえ」の名刺**を用意してもらったとのことでした。

さらに、手帳には毎日「山岸加奈は運がいい！」「ついている！」「ラッキー！」と書いたそうです。

改名してから、4カ月程度ですが、山岸さんによると、仕事もプライベートも思ってもみなかった良い出会いがあり、また、体調を崩すこともなく日々楽しく過ごしていらっしゃるようです。さらに、今まで当たったことのなかったくじで、1等の景品を当てて、その後もくじ運にめぐまれているそうです。

改名前の山岸さんは、地運が大凶数である「20」でした。そのため、30歳までは、どんなに努力をしても水の泡になることが多く、身体も壊しやすかったのです。山岸さんは、30代になってからの改名でしたが、本来なら20代のうちに改名してほしかったと私は思っています。

少しでも改名にご興味を持っていただかれましたなら、この本を参考にしてすぐに始めてください。

少しでも早く、名前で損することのないようにしていただければと願っています。

第5章

最強の「なまえ」の鍛え方

「なまえ」の力を最大限に引き出す5つのルール

ここからは、セルフ改名で「なまえ」を決めた後に、実践していただきたいことについてお話しししていきます。

画数の良い「なまえ」を選ぶことはもちろん大切ですが、間違っていただきたくないのは、**「なまえ」を決めたことがゴールではない**、ということ。

むしろ、「なまえ」の力が発揮されるのはこれからです。

改名はゴールではなく、スタートです。

私自身、本書の冒頭で述べたとおり、改名当初は「なまえ」の力を引き出せていませんでした。専門の先生に素晴らしい「なまえ」を付けていただいたにもかかわらず、使い方が中途半端だったからです。

そこで、私は「なまえ」を決めた後、ご相談者に必ず次のことをお伝えします。

●「なまえ」の力を最大限に発揮させる5つのルール

1 ノートなどに、改名した「なまえ」を書く
2 家族や友人、職場など周囲の人に、改名した「なまえ」を積極的に公表する
3 家族や友人、職場など周囲の人に、改名した「なまえ」で呼んでもらう
4 保険証、免許証、パスポート、銀行名義など以外では改名した「なまえ」を使う
5 改名した「なまえ」は、「元に戻さない」ことを決意する

本気で現実を変えたいと望む方は、この5つを実践してください。

「なまえ」の力は、ノートに書いた分だけ、周囲から呼んでもらった分だけ、使った分だけ自分の中に染み込み、パワーを発揮します。

私自身、改名してからずいぶんたちますが、いまでも1日数回は書いています。私にとって「山本若世」と書くことは、もう生活の一部になっています。

みなさんも、手帳や日記など、ご自身が継続できるやり方で、**生活の中に自分の「なまえ」を書く習慣を組み込むことをおすすめします。**

量や回数は決まっていませんが、できることなら「想い」を込めて書けるといいですね。

私は「これで運勢が上がっている！」と思いながら書いています。

「不安なときこそ、書く！」をおススメします。

写経のように「心を落ち着かせるツール」として書くのも良し、「腕が痛くなるまで書くのが快感！」とスポーツ感覚で書くも良し。

いずれにしても、継続が大事です。ご自分に合ったやり方を探して、続けてみてください。

とはいえ、あまり自分を追い詰め過ぎないように気をつけることも大事です。もし、1日や2日書けない日があったとしても、過度に不安になったり、自分を責めたりしないでください。

なんと言ってもご自分の「なまえ」というのは、改めて紙に向かって書かなくても、毎日、どこかしらなにかしらで使っているもの。

大切なのは、「使うことをやめてしまわないこと」です。

覚悟を決めて本気で使えば、「なまえ」は必ずみなさんの運気を上げてくれます。

最高の結婚をしたい人へ

整った「なまえ」で運気が上がってくると、人間関係やご縁が変わります。
良い現実をつくる人の周りには、良い現実をつくる人が集まります。
良い名前を持っている人は、良い名前を持っている人としかつながりません。
良くない名前の人とは、出会ったとしても、ご縁が長続きしないのです。
たくさんの人を見ていて、そう思います。

私はいろいろなご夫婦を見ていますが、確率的には非常に低いはずなのに、結婚によって姓が変わったとしても画数は変わらないというご夫婦(特に女性)がよくいらっしゃいます。
これは本当に不思議です。

運勢学では1から81までの数に吉凶の意味があると考えます。

組み合わせはいくつもあるのに、大凶数（悪い数字）を持つ人は、凶数の名前の人を引き寄せ、吉祥数（良い数字）を持つ人は、吉数の名前の人を引き寄せます。

「そういう人」を引き寄せるということは、「そういう人」と共有する時間が増えるということです。


最高級の名前を持っていれば、最高級の現実がやってきて、最高級の人生が訪れます。


独身の時に良い名前を持っておくと、良い名前、つまり良い現実をもった人と結ばれる可能性が高くなります。

結婚前の改名は幸せな結婚を引き寄せる、最強の開運法だと思います。

ただ、女性は結婚や離婚によって戸籍上の姓（苗字）が変わりがちですが、セルフ改名で新しくつけた「なまえ」は基本的に変えずに、ずっと使い続けてください。

3 強「運」を周りにおすそわけ！

数字の引き寄せというのは夫婦間だけでなく、起業家（あるいは経営者）と社名との間にも多いと思います。

ご自分の名前の画数と、会社名の画数が似ているパターンは多いと感じます。

本書では詳しく触れることはできませんが、開運には引越しや旅行など「方位」の要素も重要になってきます。改名と合わせて実践したい場合には、専門家に相談されることをおすすめします。

さらに、数の引き寄せは配偶者以外の家族、友人、職場などでも起こります。やはり、一緒に暮らしている家族の名前や、職場で長い時間を共にする人たちの名前が良くなかったりすると、その影響を受けてしまいます。しかし、強運を持つ「なまえ」だと、その悪い影響は受けません。逆に良い影響を与えることができます。

もし、「なまえ」の力で自分だけでなく、周囲の運気も上げて、幸せにしてあげることができれば最高ですね。

最強の「なまえ」を味方に、自信を持って行動を！

セルフ改名をした後、「今、あまり運が向いていないかも？」と感じたら、**生活習慣の基本を見直してみましょう。**

「健康運が上がらない」と言いながら夜中に暴飲暴食していませんか？
「モテたい」と言いながら服装に無関心だった、そんなことありませんか？
こうした**生活習慣も「なまえ」で整ってくる**ことがあるのです。

「名前を変えたら部屋の掃除や片づけができるようになった」という方もいらっしゃいます。「なまえ」の力で気持ちに余裕ができ、生活習慣が整ったのだと思います。

また、運の良さそうな人や場所に自分から寄っていくのも、ひとつの手です。運が強そうな人に会いに行く、あこがれの先輩に思い切って教えを乞う。大行列の繁盛店に行ってみる、**大笑いできそうなイベントに参加する**、それまでちょっと躊躇してできなかったファッションを試してみる、新しい習いごとや資格試験にチャレンジするのも良いでしょう。

あなたが笑顔になることで、良い運がさらに引き寄せられます。

セルフ改名をされたみなさんには、すでに「なまえ」という最強の味方がついています。

普通にしていても、「なまえ」があなたを持ち上げてくれます。

その「なまえ」で、自信を持って行動を起こしていただきたいと思います。

5 衣食住を大事にして、笑いましょう

「名前を変えたのだからそれで結果が出るはずだ」と、「なまえ」の上にあぐらをかいているだけでは、運気は上がりません。

改名の効果を最大にするために、日常生活を大事にしましょう。

基本的なことですが、たっぷりの睡眠と栄養のある食事、適度な運動など、規則正しい生活を心がけてください。

身の回りの整理整頓、掃除も定期的にしましょう（もちろん、毎日がベストですが、できる限りでかまいません）。

また、笑顔でいてください。**笑ってください。『いろはに千鳥』を観て、お腹を抱えて笑ってください。**最強の運が最大限に発揮できます。

たしかに、良い「なまえ」は、良い運を引き寄せますが、どんなに強運な「なまえ」であっても、自分をおろそかに、しかめっ面で他人にぞんざいな態度では、その効果が現れにくくなります。

さらに、ご先祖様をしっかり供養することも忘れてはなりません。

ほんとうに、いまより運気を上げたいのであれば、笑顔で毎日を丁寧に過ごしていただければと思います。

おわりに

さあ、ペンを取って「なまえ」を書き出しましょう。そして、人生を変えましょう!

ここまでセルフ改名について読んできて、吉祥画数がわかった。漢字も探してみた。でも、なかなか1つに決められない。

あるいは、自分の選んだ「なまえ」がベストなのか? もっと良い名前があるのでは? さらに完璧・最強を目指すにはどうすればいいの?

こんな「欲」が出て来た方がいらっしゃるなら、著者としては嬉しい限りです。

ぜひ、その疑問や希望を、私に相談してみてください。

一方、改名の効果を信じきれない方、疑っている方もいらっしゃると思います。たしかに、改名の効果は科学的に証明されたとは言えません。しかし、科学的に証明されていないことでも、目に見えないけど、確信することがありませんか。初対面の人なのに懐かしい気持ちになったり、とても気に入っている洋服だけど今日はなんだか着たくないなど。

孔子も名前の力を信じていました。

私は、そんな目に見えない力を信じています。そして、改名にはその目に見えない力が大きく働いていると。

本書で私がいちばんお知らせしたかったのは、**「名前には人生を左右するすごい力がある」**ということ。**人生が逆転してしまうくらいの力（パワー）を持っています。**

繰り返しになりますが、**「なまえ」を変えると人生が変わります。**

名前を変えることは、だれにでもできます。今すぐ、できます。「私は運が悪い」の一言で、たった一度の人生をあきらめないでください。だれでも持っている名前、その力を最大限に活かしてほしいのです。

ペンとノートの準備はいいですか？

新しい「なまえ」を書いてみた感触はどうですか？

書けば書くほど、効果が上がりますよ。

「いま、ここ」が、新しい人生のスタートラインです。

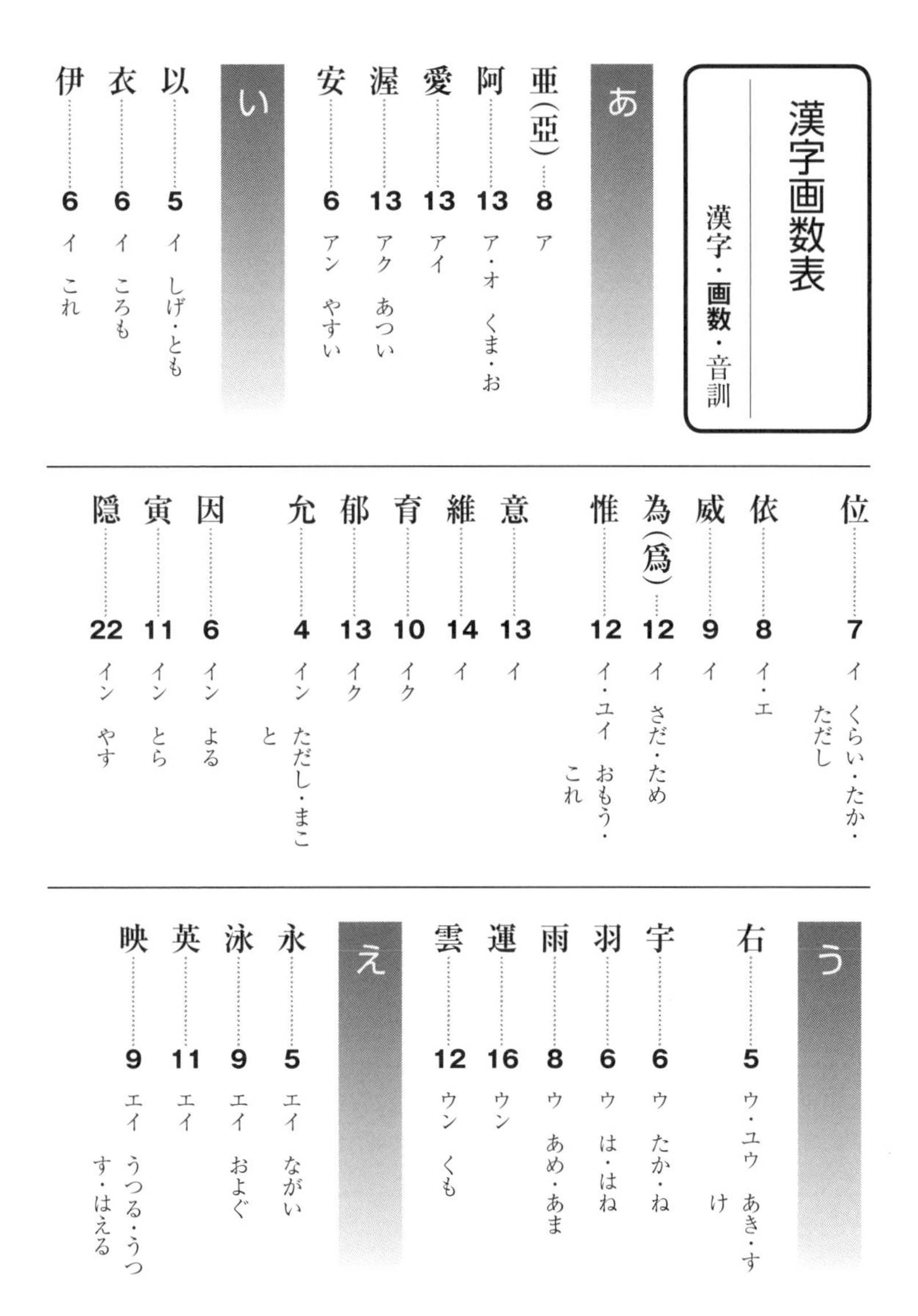

漢字画数表

漢字・画数・音訓

漢字	画数	音訓
あ		
亜(亞)	8	ア
阿	13	ア・オ　くま・お
愛	13	アイ
渥	13	アク　あつい
安	6	アン　やすい
い		
以	5	イ　しげ・とも
衣	6	イ　ころも
伊	6	イ　これ
位	7	イ　くらい・たか・ただし
依	8	イ・エ
威	9	イ
為(爲)	12	イ　さだ・ため
惟	12	イ・ユイ　おもう・これ
意	13	イ
維	14	イ
育	10	イク
郁	13	イク
允	4	イン　ただし・まこと
因	6	イン　よる
寅	11	イン　とら
隠	22	イン　やす
う		
右	5	ウ・ユウ　あき・すけ
宇	6	ウ　たか・ね
羽	6	ウ　は・はね
雨	8	ウ　あめ・あま
運	16	ウン
雲	12	ウン　くも
え		
永	5	エイ　ながい
泳	9	エイ　およぐ
英	11	エイ
映	9	エイ　うつる・うつす・はえる

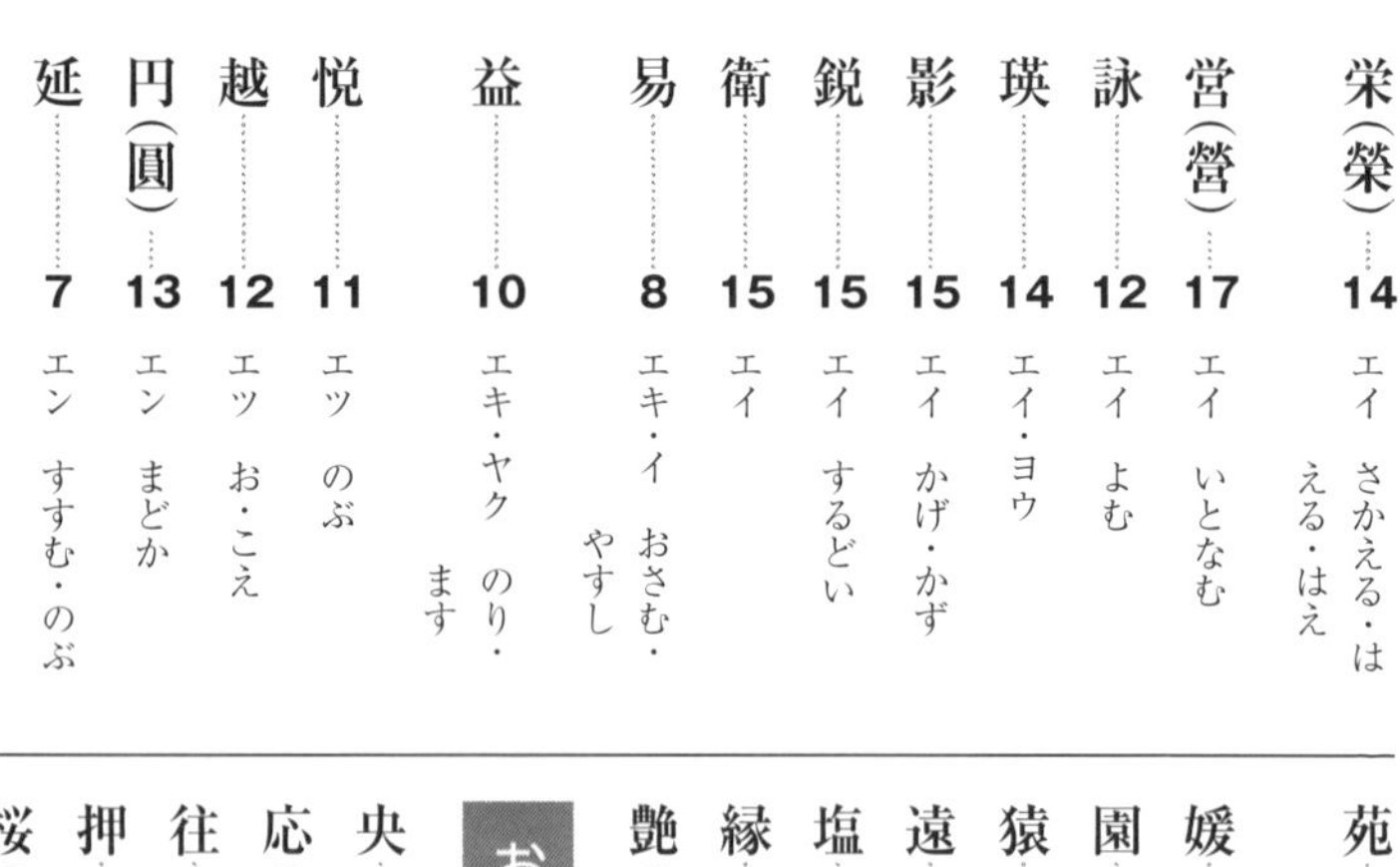
栄(榮)……14　エイ　さかえる・はえる・はえ
営(營)……17　エイ　いとなむ
詠……12　エイ　よむ
瑛……14　エイ・ヨウ
影……15　エイ　かげ・かず
鋭……15　エイ　するどい
衛……15　エイ
易……8　エキ・イ　おさむ・やすし
益……10　エキ・ヤク　のり・ます
悦……11　エツ　のぶ
越……12　エツ　お・こえ
円(圓)……13　エン　まどか
延……7　エン　すすむ・のぶ

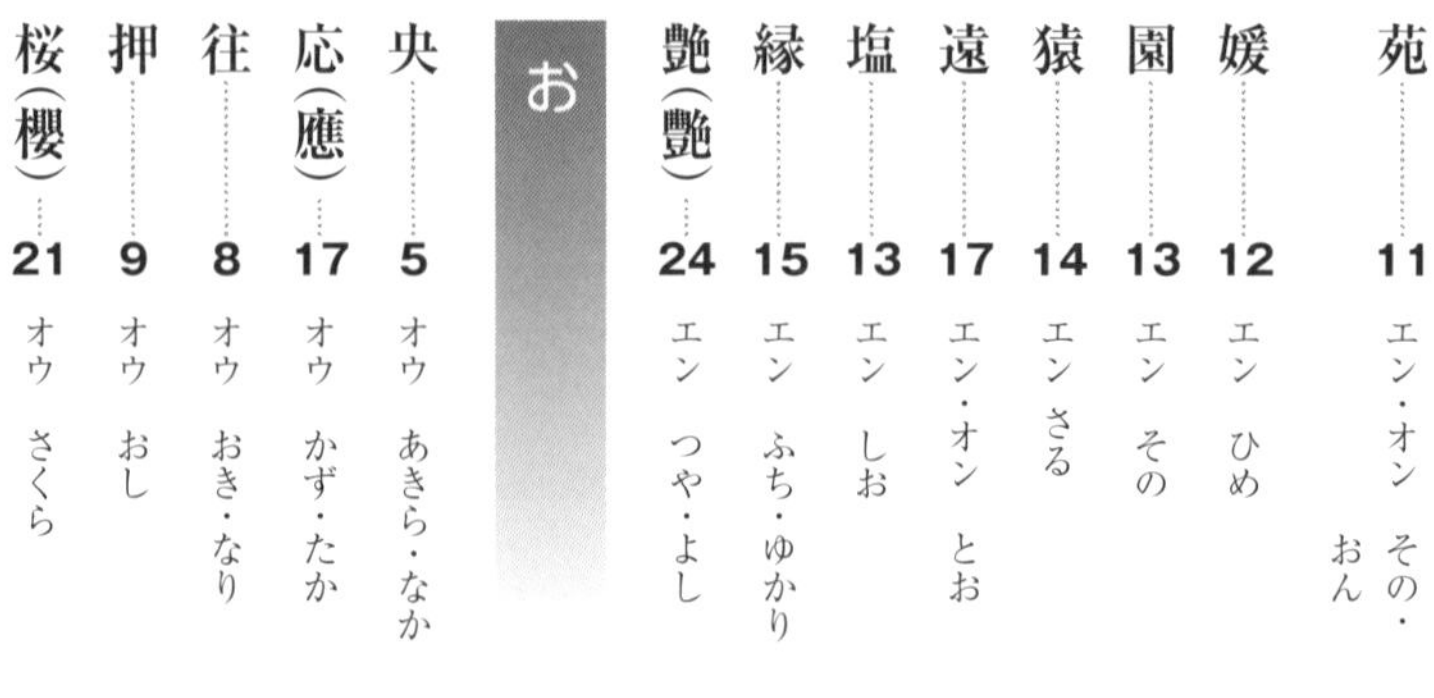
苑……11　エン・オン　その・おん
媛……12　エン　ひめ
園……13　エン　その
猿……14　エン　さる
遠……17　エン・オン　とお
塩……13　エン　しお
縁……15　エン　ふち・ゆかり
艶(艷)……24　エン　つや・よし

お

央……5　オウ　あきら・なか
応(應)……17　オウ　かず・たか
往……8　オウ　おき・なり
押……9　オウ　おし
桜(櫻)……21　オウ　さくら

奥(奧)……13　オウ　おく
横……16　オウ　よこ・み
屋……9　オク　や・いえ
億……15　オク　いく・やす
憶……17　オク
乙……1　オツ　いつ・おと
卸……8　おろす・おろし
音……9　オン・イン　おと・ね
恩……10　オン　めぐみ
温……13　オン　あつ・あつし
穏(穩)……19　オン　しず・とし

か

加……5　カ　ます・また
可……5　カ　あり・よし

漢字	画数	音	訓・名のり
花	10	カ	はな・け・はる
伽	7	カ・ガ	とぎ
佳	8	カ	よし
果	8	カ	あきら
河	9	カ	かわ
茄	11	カ	なす
科	9	カ	しな
架	9	カ	みつ
夏	10	カ・ゲツ	なつ
家	10	カ・ケ	いえ
荷	13	カ	に・もち
華	14	カ・ケ	はな・はる
歌	14	カ	うた
嘉	14	カ	ひ・ろ・よし
樺	16	カ	かば
稼	15	カ	たか・たね
霞	17	カ・ゲ	かすみ・か
画(畫)	12	ガ・カク	
芽	10	ガ	め・めい
賀	12	ガ	し・げ・のり
雅	12	ガ	ただ・まさ
介	4	カイ	すけ・たすく
会(會)	13	カイ・エ	かず・さだ
快	8	カイ	はや・やす
改	7	カイ	あら
海	11	カイ	うみ・あま・み
皆	9	カイ	とも・みな
絵(繪)	19	カイ・エ	
開	12	カイ	さく・はる
階	17	カイ	とも・みち
解	13	カイ・ゲ	さとる・とき
懐(懷)	20	カイ	かね・たか
外	5	ガイ・ゲ	と・とお
垣	9	かき・たか	
角	7	カク	すみ・ふさ
覚(覺)	20	カク	あき・さとし
確	15	カク	あきら・かた
穫	19	え・みのる	
鶴	21	カク	つる・す・たず
学(學)	16	ガク	まなぶ・あきら
岳	8	ガク	たけ・たかし
楽(樂)	15	ガク	とも・よし

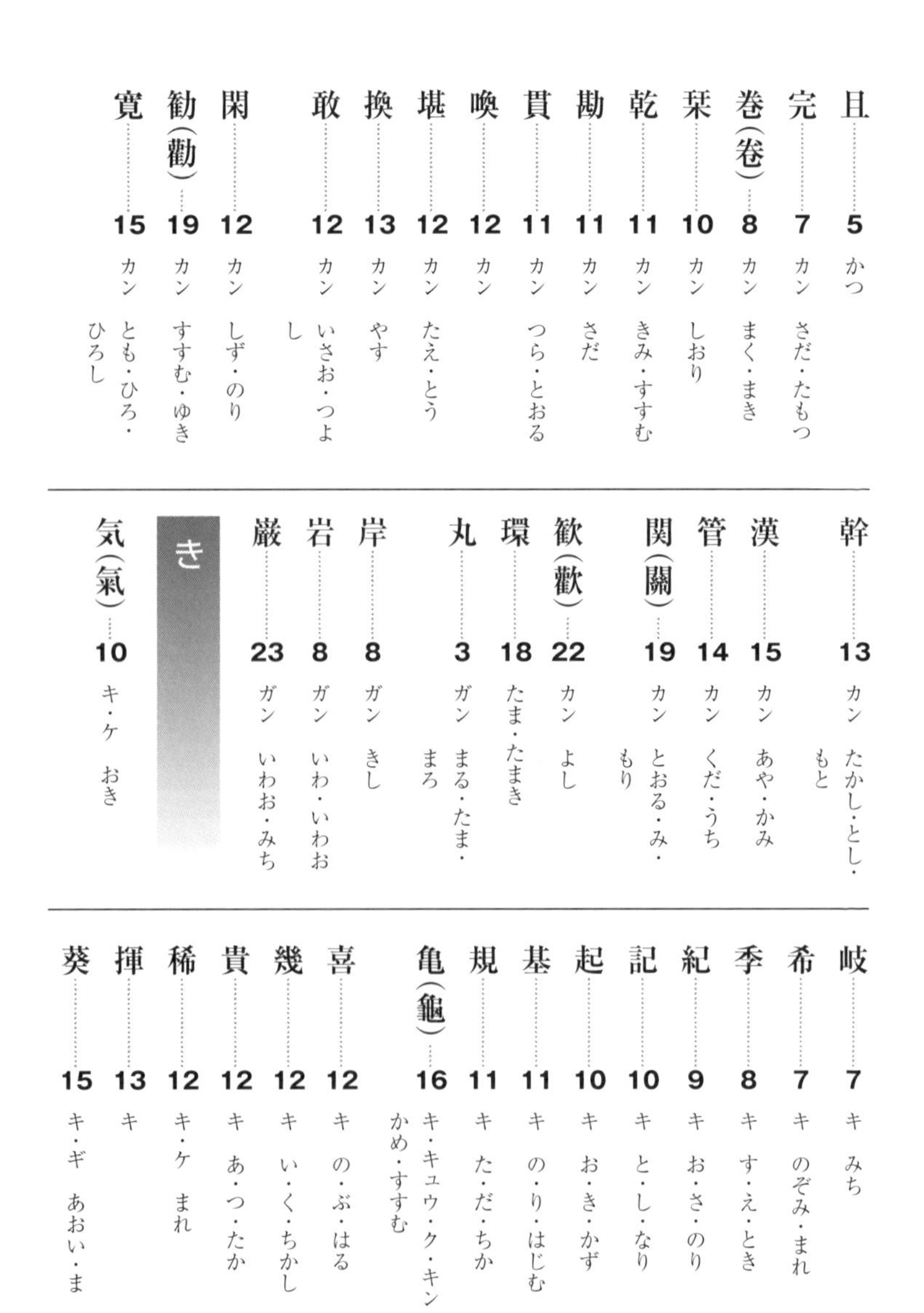

漢字	画数	音	名乗り
旦	5	かつ	
完	7	カン	さだ・たもつ
巻（卷）	8	カン	まく・まき
栞	10	カン	しおり
乾	11	カン	きみ・すすむ
勘	11	カン	さだ
貫	11	カン	つら・とおる
喚	12	カン	
堪	12	カン	たえ・とう
換	13	カン	やす
敢	12	カン	いさお・つよし
閑	12	カン	しず・のり
勧（勸）	19	カン	すすむ・ゆき
寛	15	カン	とも・ひろ・ひろし
幹	13	カン	たかし・とし・もと
漢	15	カン	あや・かみ
管	14	カン	くだ・うち
関（關）	19	カン	とおる・み・もり
歓（歡）	22	カン	よし
環	18		たま・たまき
丸	3	ガン	まる・たま・まろ
岸	8	ガン	きし
岩	8	ガン	いわ・いわお
巌	23	ガン	いわお・みち

き

漢字	画数	音	名乗り
気（氣）	10	キ・ケ	おき
岐	7	キ	みち
希	7	キ	のぞみ・まれ
季	8	キ	すえ・とき
紀	9	キ	おさ・のり
記	10	キ	とし・なり
起	10	キ	おき・かず
基	11	キ	のり・はじむ
規	11	キ	ただ・ちか
亀（龜）	16	キ・キュウ・ク・キン	かめ・すすむ
喜	12	キ	のぶ・はる
幾	12	キ	いく・ちかし
貴	12	キ	あつ・たか
稀	12	キ・ケ	まれ
揮	13	キ	
葵	15	キ・ギ	あおい・ま

もる

漢字	画数	音	名乗り
旗	14	キ	はた・たか
綺	14	キ	あや
輝	15	キ	あきら・てる
嬉	15	キ	よし
槻	15	キ	つき
毅	15	キ・ギ	かた・こわし
磯	17	キ	いそ
騎	18	キ	のり
技	8	ギ	わざ
宜	8	ギ	な・り・のぶ
義	13	ギ	あ・き・よし
儀	15	ギ	ただし・のり・よし
議	20	ギ	か・た・のり
菊	14	キク	あき・ひ
吉	6	キチ・キツ	さ・ち・とみ
橘	16	キツ・キチ	たちばな
九	9	キュウ・ク	かず・ひさし
久	3	キュウ・ク	なが・ひさ
及	4	キュウ	いたる・たか
弓	3	キュウ	ゆみ・ゆ
丘	5	キュウ	おか・たか
休	6	キュウ	たね・のぶ・やす
求	6	キュウ	ひで・もと
究	7	キュウ	さだ・み
玖	8	キュウ・ク	き・たま・ひさ
宮	10	キュウ・グウ・ク	みや・いえ・たか
球	12	キュウ	たま・まり
毬	11	キュウ	まり
給	12	キュウ	たり・はる
鳩	13	キュウ・ク	はと・やす
牛	4	ギュウ	うし・とし
去	5	キョ・コ	さる・なる
巨	5	キョ	おお・なお
居	8	キョ	おき・すえ
挙(擧)	18	キョ	しげ・たか
許	11	キョ	もと・ゆく

魚……11 ギョ いお・お・な
御……11 ギョ・ゴ おん・のり
叶……5 キョウ かのう・やす
共……6 キョウ とも・たか
匡……6 キョウ ただし・まさ・まさし
亨……7 キョウ・コウ・ホウ あ・き・あきら・とおる
杏……7 キョウ あん・あんず・きょう
京……8 キョウ・ケイ たかし
享……8 キョウ あきら
供……8 キョウ・ク とも

峡（峽）……10 キョウ
恭……10 キョウ すみ・たか・やす
強……11 キョウ・ゴウ だけ・つとむ
教……11 キョウ かず・たか
鄉……17 キョウ・ゴウ あき・あきら
喬……12 キョウ きょう・すけ・たか
境……14 キョウ さかい
橋……16 キョウ はし
矯……17 キョウ いさみ・たけし
鏡……19 キョウ あき・あきら

競……20 キョウ きそう
響……22 キョウ おと・なり
尭……12 ギョウ あき・たか・たかし
暁（曉）……16 ギョウ あかつき・あきら・とき
業……13 ギョウ おき・なり・のぶ
旭……6 キョク あさひ・あきら・てる
玉……5 ギョク たま・きよ
均……7 キン ただ・ひとし・ひら
近……11 キン こん・ちか・とも
芹……10 キン せり

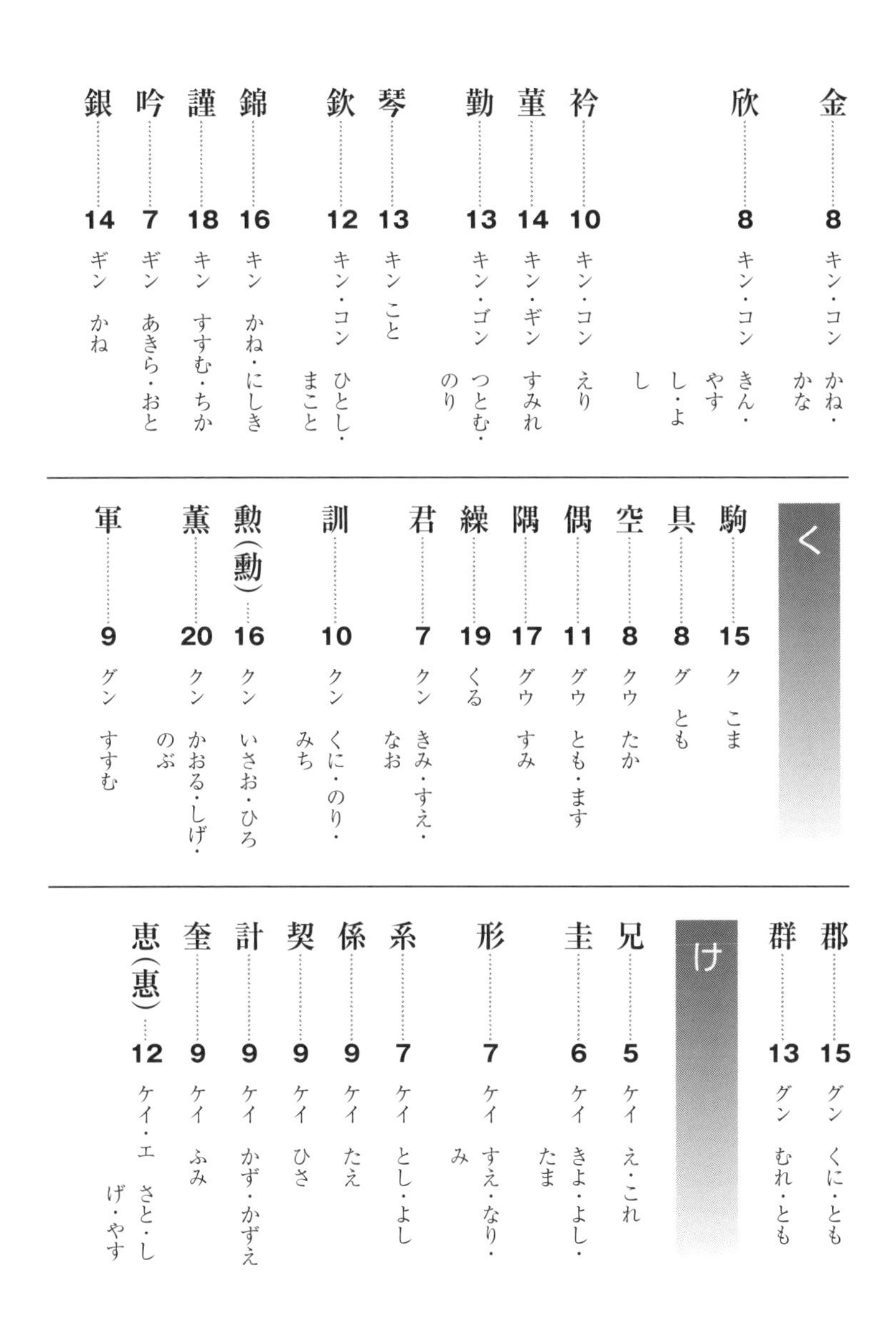

漢字	画数	音読み	名乗り
金	8	キン・コン	かね・かな
欣	8	キン・コン	きん・やすし・よし
衿	10	キン・コン	えり
菫	14	キン・ギン	すみれ
勤	13	キン・ゴン	つとむ・のり
琴	13	キン	こと
欽	12	キン・コン	ひとし・まこと
錦	16	キン	かね・にしき
謹	18	キン	すすむ・ちか
吟	7	ギン	あきら・おと
銀	14	ギン	かね

く

漢字	画数	音読み	名乗り
駒	15	ク	こま
具	8	グ	とも
空	8	クウ	たか
偶	11	グウ	とも・ます
隅	17	グウ	すみ
繰	19	くる	
君	7	クン	きみ・すえ・なお
訓	10	クン	くに・のり・みち
勲(勳)	16	クン	いさお・ひろ
薫	20	クン	かおる・しげ・のぶ
軍	9	グン	すすむ
郡	15	グン	くに・とも
群	13	グン	むれ・とも

け

漢字	画数	音読み	名乗り
兄	5	ケイ	え・これ
圭	6	ケイ	きよ・よし・たま
形	7	ケイ	すえ・なり・み
系	7	ケイ	とし・よし
係	9	ケイ	たえ
契	9	ケイ	ひさ
計	9	ケイ	かず・かずえ
奎	9	ケイ	ふみ
恵(惠)	12	ケイ・エ	さと・しげ・やす

桂……10 ケイ かつら・よし
啓……11 ケイ あきら・はじめ
掲……13 ケイ なが
経（經）……13 ケイ おさむ・つね
蛍（螢）……16 ケイ ほたる
敬……13 ケイ とし・のり・ひろ
景……12 ケイ あきら
軽（輕）……14 ケイ とし
継（繼）……20 ケイ つね・ひで
慶……15 ケイ ちか・のり・よし
慧……15 ケイ・エ あきら・けい・さと
馨……20 ケイ かおる・きよ

結……12 ケツ ひとし・ゆう
傑……12 ケツ すぐる・たかし
潔……16 ケツ きよし・ゆき
月……4 ゲツ・ガツ つき
見……7 ケン あき・あきら
建……9 ケン・コン たけし・たける
研……11 ケン あき・きよ
県……16 ケン あがた・さと
兼……10 ケン かず・かね・とも
剣（劍）……15 ケン あきら・つとむ
拳……10 ケン・ゲン かたし・つとむ
健……11 ケン たけし・たけ

る
堅……11 ケン かた・つよし
絢……12 ケン あや・じゅん
献……13 ケン・コン たけ・のぶ
絹……13 ケン きぬ
権（權）……22 ケン・ゴン のり・よし
憲……16 ケン あきら・のり
賢……15 ケン かた・さとし
謙……17 ケン かね・ゆずる
繭……19 ケン まゆ
顕（顯）……23 ケン あき・あきら
元……4 ゲン・ガン もと・はじめ
幻……4 ゲン まぼろし

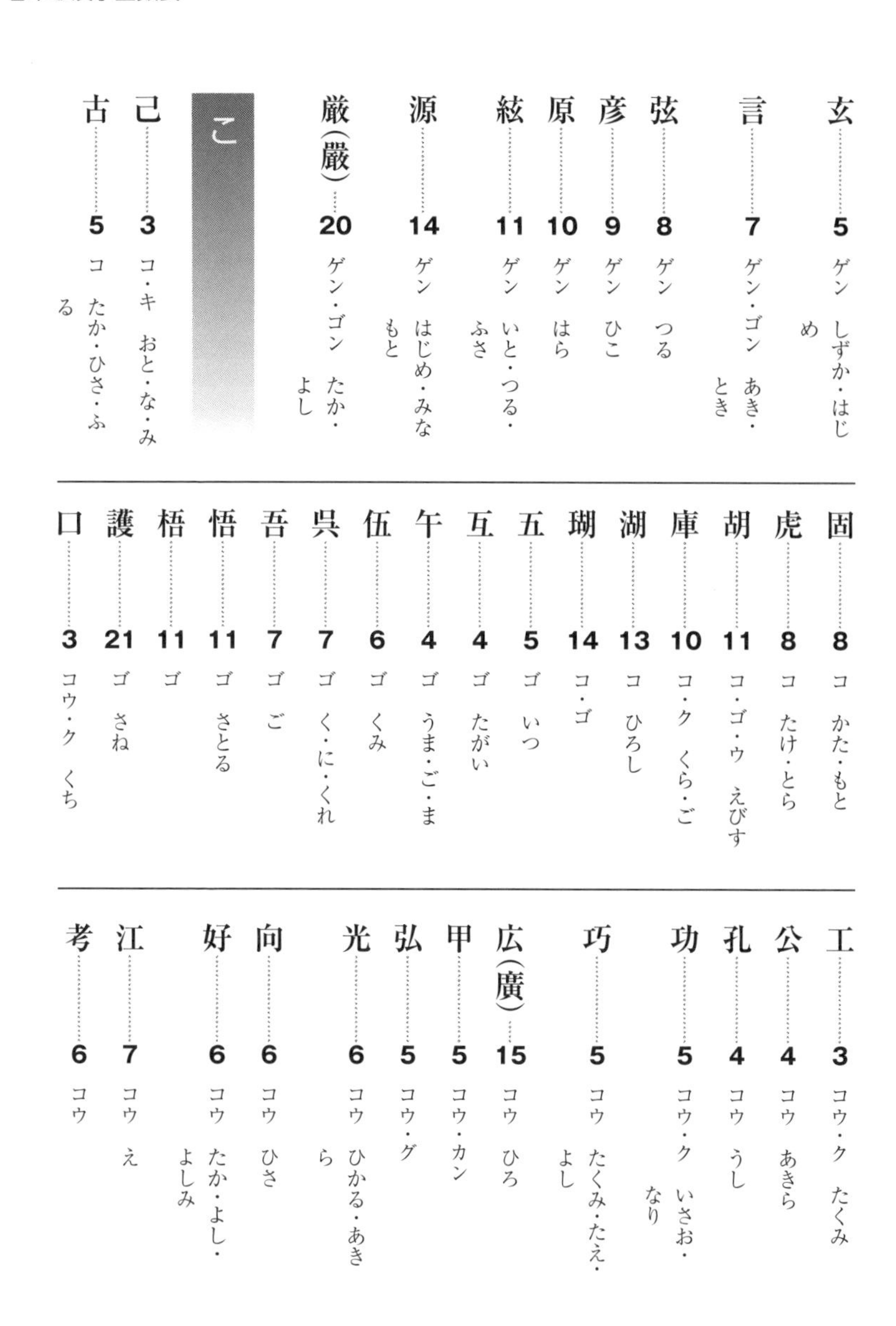

漢字	画数	読み
玄	5	ゲン　しずか・はじめ
言	7	ゲン・ゴン　あき・とき
弦	8	ゲン　つる
彦	9	ゲン　ひこ
原	10	ゲン　はら
絃	11	ゲン　いと・つる・ふさ
源	14	ゲン　はじめ・みなもと
厳(嚴)	20	ゲン・ゴン　たか・よし

こ

漢字	画数	読み
己	3	コ・キ　おと・な・み
古	5	コ　たか・ひさ・ふる
固	8	コ　かた・もと
虎	8	コ　たけ・とら
胡	11	コ・ゴ・ウ　えびす
庫	10	コ・ク　くら・ご
湖	13	コ　ひろし
瑚	14	コ・ゴ
五	5	ゴ　いつ
互	4	ゴ　たがい
午	4	ゴ　うま・ご・ま
伍	6	ゴ　くみ
呉	7	ゴ　く・に・くれ
吾	7	ゴ　ご
悟	11	ゴ　さとる
梧	11	ゴ
護	21	ゴ　さね
口	3	コウ・ク　くち
工	3	コウ・ク　たくみ
公	4	コウ　あきら
孔	4	コウ　うし
功	5	コウ・ク　いさお・なり
巧	5	コウ　たくみ・たえ・よし
広(廣)	15	コウ　ひろ
甲	5	コウ・カン
弘	5	コウ・グ
光	6	コウ　ひかる・あきら
向	6	コウ　ひさ
好	6	コウ　たか・よし・よしみ
江	7	コウ　え
考	6	コウ

漢字	画数	音	名のり
行	6	コウ	
亘	6	コウ	のぶ・わたる
孝	7	コウ	たか
更	7	コウ	
宏	7	コウ	
効	8	コウ	
幸	8	コウ	
肯	10	コウ	さき・むね
昂	8	コウ	あきら
侯	9	コウ	きみ・よし
厚	9	コウ	
恒(恆)	10	コウ	
洪	10	コウ	ひろ・ひろし
皇	9	コウ・オウ	
紅	9	コウ・ク	べに

漢字	画数	音	名のり
荒	12	コウ	あらい
香	9	コウ	かおり
洸	10	コウ	
虹	9	コウ	にじ・こう
候	10	コウ	とき・よし
校	10	コウ	とし・なり
耕	10	コウ	おさむ・つとむ
航	10	コウ	かず・わたる
貢	10	コウ・ク	
高	10	コウ	
髙	11	コウ	
倖	10	コウ	さいわい
晃	10	コウ	あき
浩	11	コウ	
紘	10	コウ	

漢字	画数	音	名のり
康	11	コウ	
黄	12	コウ・オウ	き・こ
皐	11	コウ	さつき・すすむ
硬	12	コウ	かた
項	12	コウ	うじ・かみ
皓	12	コウ	あき・あきら
溝	14	コウ	みぞ
鉱(鑛)	23	コウ	かね
滉	14	コウ	ひろ・ひろし
構	14	コウ	
綱	14	コウ	つな・つね
稿	15	コウ	
興	15	コウ	おき・さかり
衡	16	コウ	
鋼	16	コウ	はがね

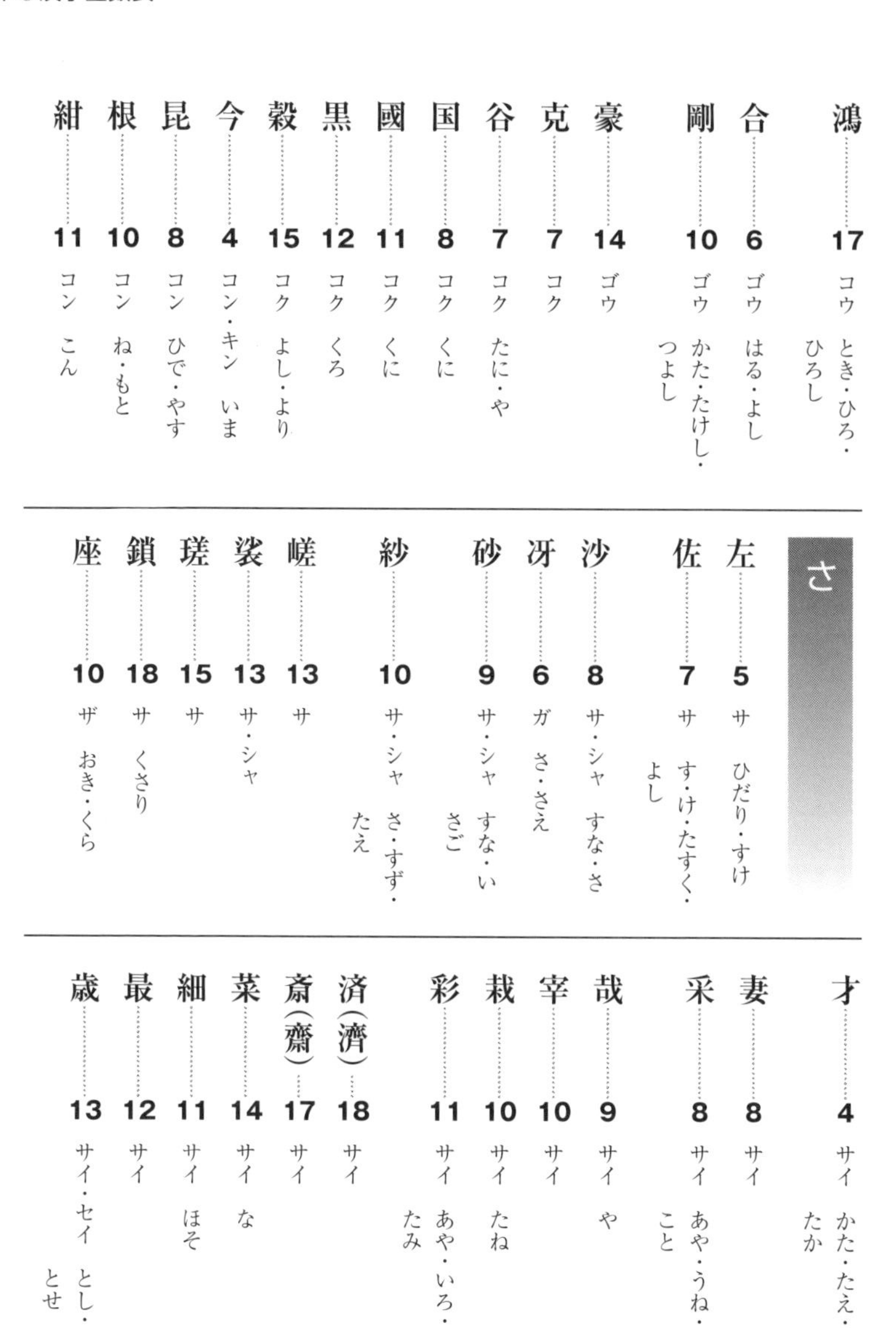

鴻	17	コウ	とき・ひろ・ひろし
合	6	ゴウ	はる・よし
剛	10	ゴウ	かた・たけし・つよし
豪	14	ゴウ	
克	7	コク	
谷	7	コク	たに・や
国	8	コク	くに
國	11	コク	くに
黒	12	コク	くろ
穀	15	コク	よし・より
今	4	コン・キン	いま
昆	8	コン	ひで・やす
根	10	コン	ね・もと
紺	11	コン	こん

さ

左	5	サ	ひだり・すけ
佐	7	サ	す・け・たすく・よし
沙	8	サ・シャ	すな・さ
冴	6	ガ	さ・さえ
砂	9	サ・シャ	すな・いさご
紗	10	サ・シャ	さ・すず・たえ
嵯	13	サ	
裟	13	サ・シャ	
瑳	15	サ	
鎖	18	サ	くさり
座	10	ザ	おき・くら

才	4	サイ	かた・たえ・たか
妻	8	サイ	
采	8	サイ	あや・うね・こと
哉	9	サイ	や
宰	10	サイ	
栽	10	サイ	たね
彩	11	サイ	あや・いろ・たみ
済（濟）	18	サイ	
斎（齋）	17	サイ	
菜	14	サイ	な
細	11	サイ	ほそ
最	12	サイ	
歳	13	サイ・セイ	とし・とせ

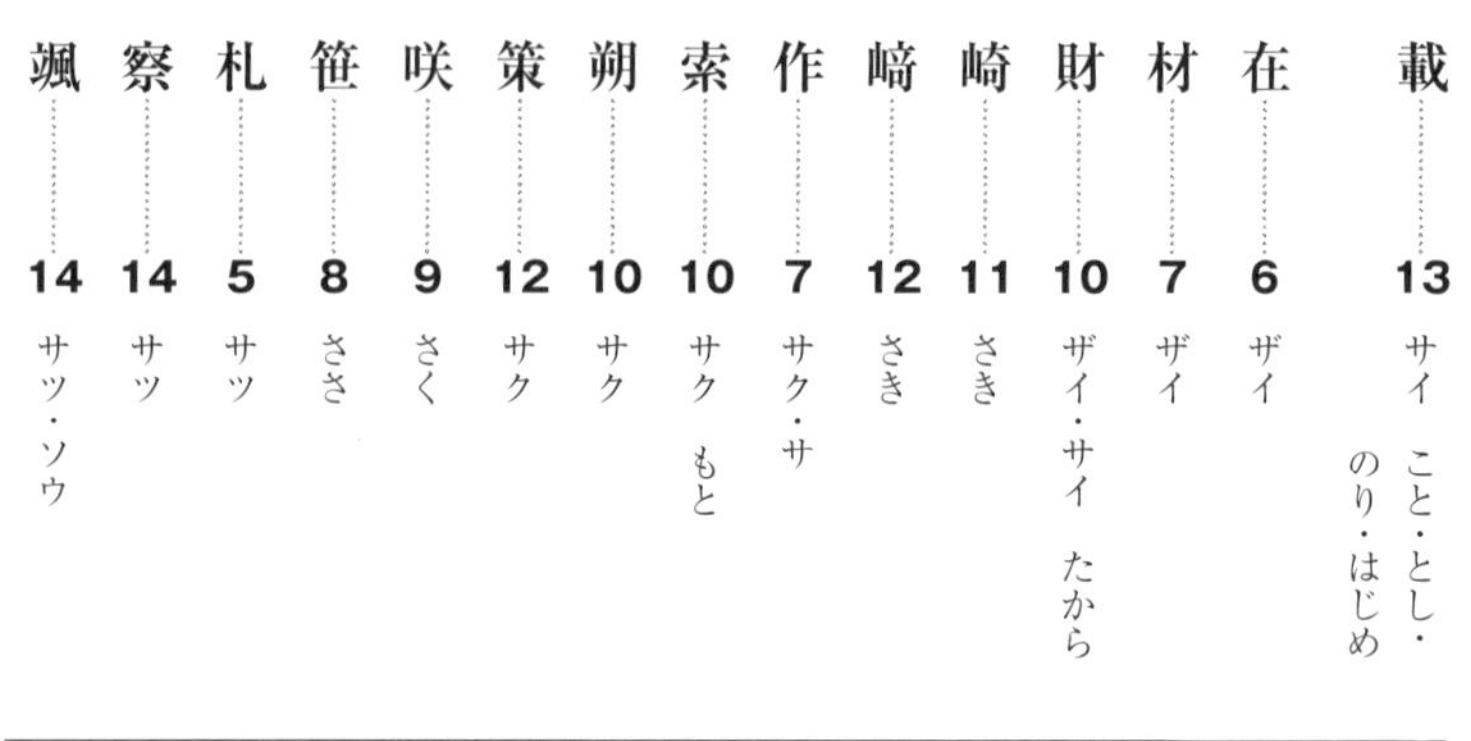

載 13 サイ こと・とし・のり・はじめ
在 6 ザイ
材 7 ザイ
財 10 ザイ・サイ たから
崎 11 さき
﨑 12 さき
作 7 サク・サ
索 10 サク もと
朔 10 サク
策 12 サク
咲 9 さく
笹 8 ささ
札 5 サツ
察 14 サツ
颯 14 サツ・ソウ

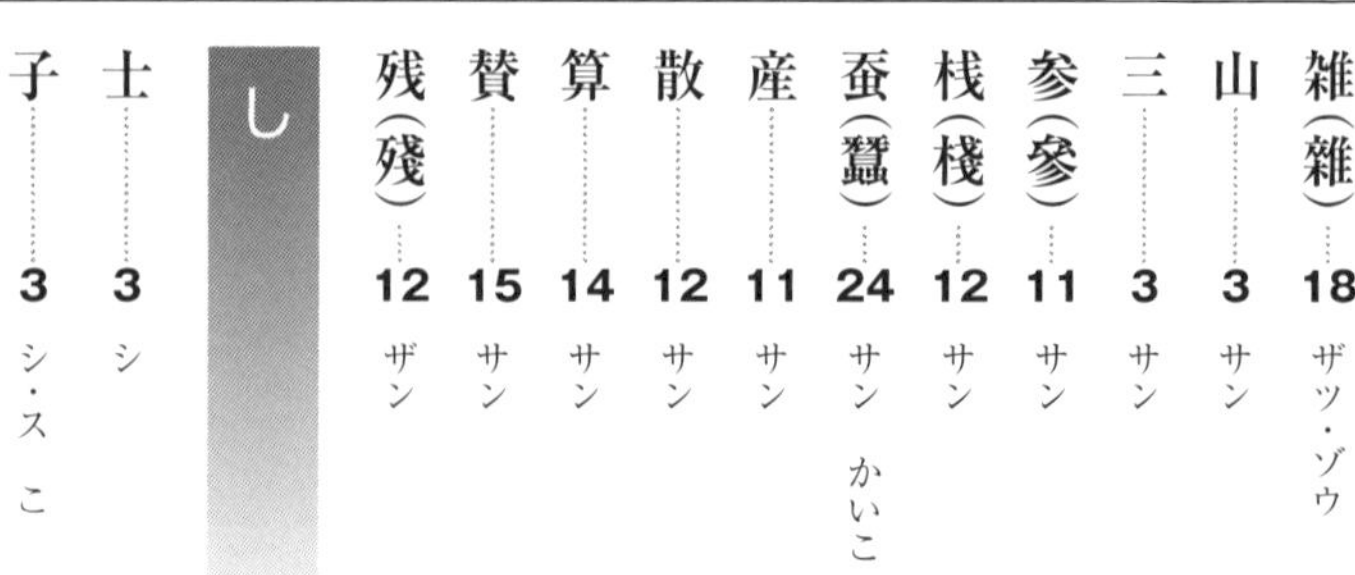

雑（雜） 18 ザツ・ゾウ
山 3 サン
三 3 サン
参（參） 11 サン
桟（棧） 12 サン
蚕（蠶） 24 サン かいこ
産 11 サン
散 12 サン
算 14 サン
賛 15 サン
残（殘） 12 ザン

し

士 3 シ
子 3 シ・ス こ

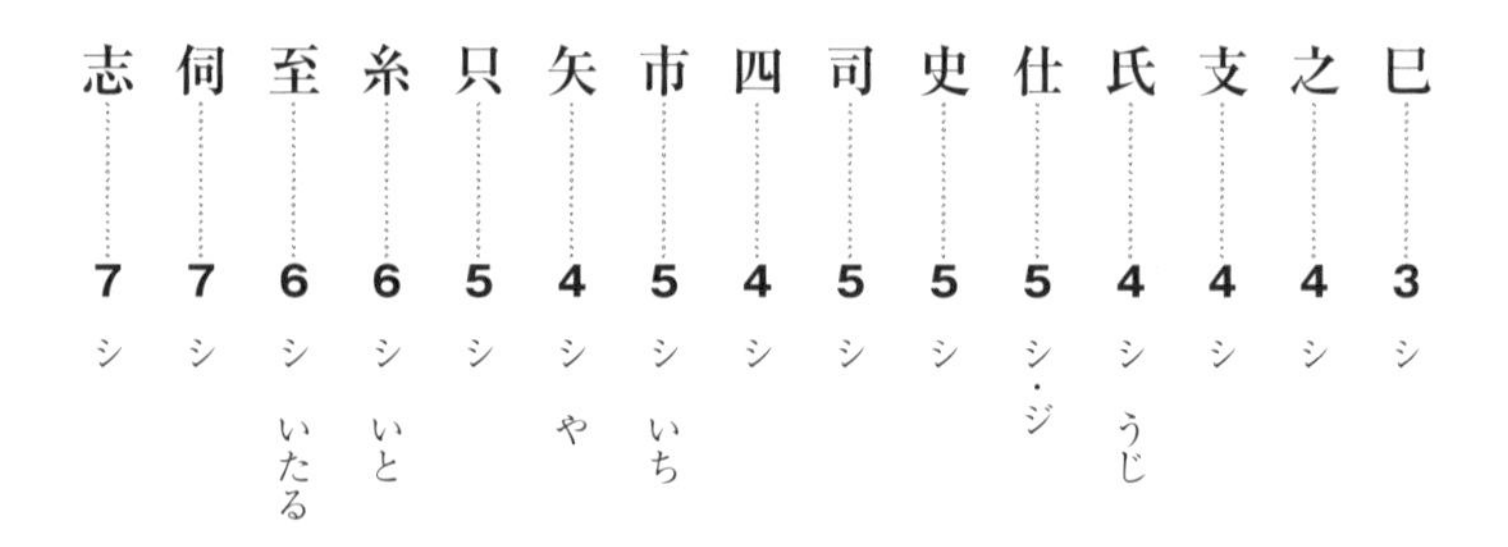

巳 3 シ
之 4 シ
支 4 シ
氏 4 シ うじ
仕 5 シ・ジ
史 5 シ
司 5 シ
四 4 シ
市 5 シ いち
矢 4 シ や
只 5 シ
糸 6 シ いと
至 6 シ いたる
伺 7 シ
志 7 シ

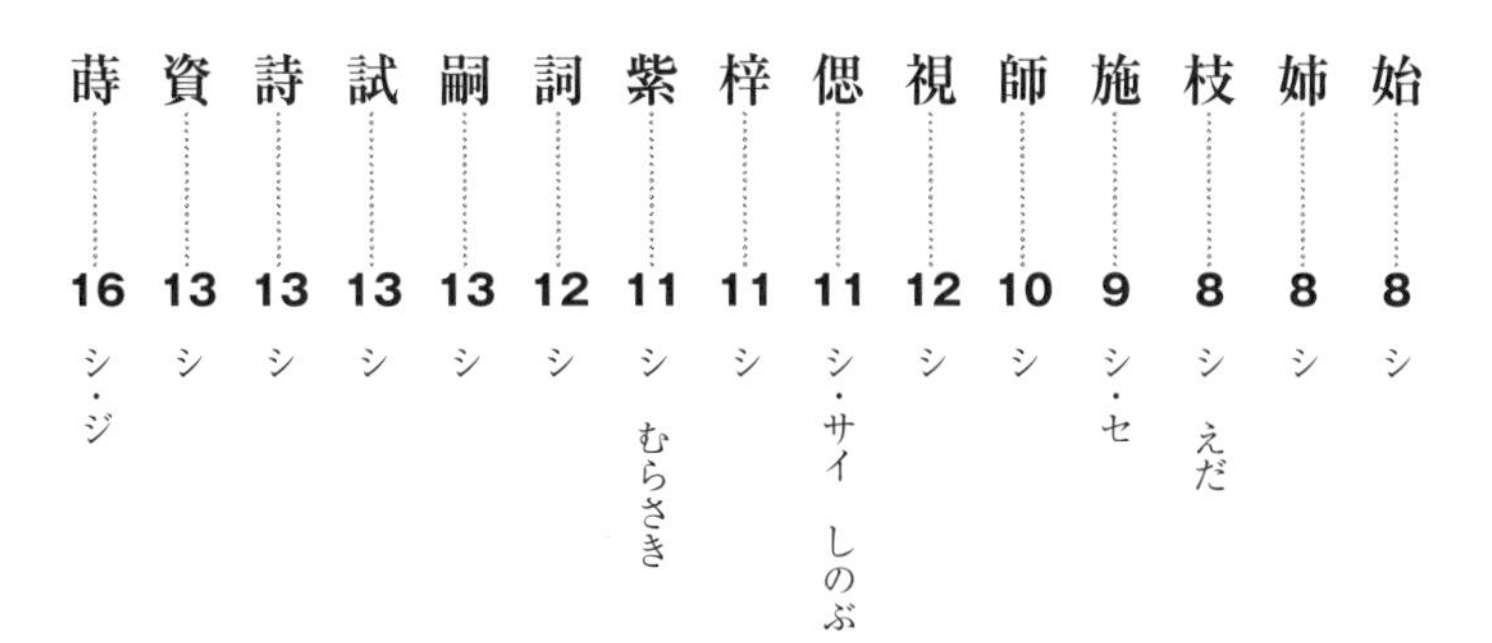

漢字	画数	音読み	訓読み
始	8	シ	
姉	8	シ	
枝	8	シ	えだ
施	9	シ・セ	
師	10	シ	
視	12	シ	
偲	11	シ・サイ	しのぶ
梓	11	シ	
紫	11	シ	むらさき
詞	12	シ	
嗣	13	シ	
試	13	シ	
詩	13	シ	
資	13	シ	
蒔	16	シ・ジ	

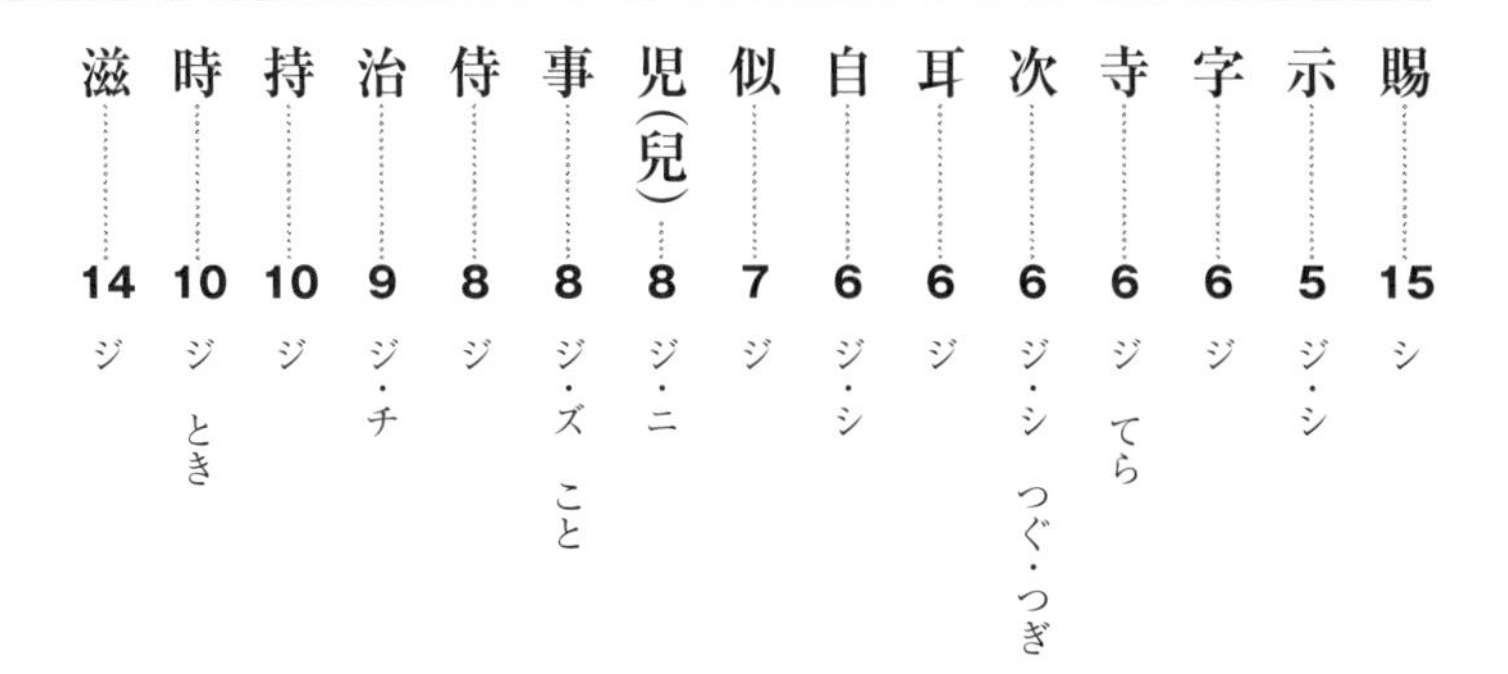

漢字	画数	音読み	訓読み
賜	15	シ	
示	5	ジ・シ	
字	6	ジ	
寺	6	ジ	てら
次	6	ジ・シ	つぐ・つぎ
耳	6	ジ	
自	6	ジ・シ	
似	7	ジ	
児(兒)	8	ジ・ニ	
事	8	ジ・ズ	こと
侍	8	ジ	
治	9	ジ・チ	
持	10	ジ	
時	10	ジ	とき
滋	14	ジ	

漢字	画数	音読み	訓読み
慈	14	ジ	
璽	19	ジ	
式	6	シキ	
識	19	シキ	
七	7	シチ	なな
室	9	シツ	むろ
執	11	シツ・シュウ	
湿(濕)	18	シツ	
漆	15	シツ	うるし
質	15	シツ・シチ・チ	
実(實)	14	ジツ	みのる
芝	10		しば
写(寫)	15	シャ	
社	8	シャ	
車	7	シャ	くるま

漢字	画数	読み
舎	8	シャ
者	10	シャ　もの
射	10	シャ
捨	12	シャ
斜	11	シャ
尺	4	シャク
釈（釋）	20	シャク
若	11	ジャク・ニャク
寂	11	ジャク・セキ
手	4	シュ
主	5	シュ・ス
守	6	シュ・ス　まもる・もり
朱	6	シュ
取	8	シュ
狩	10	シュ　かる・かり

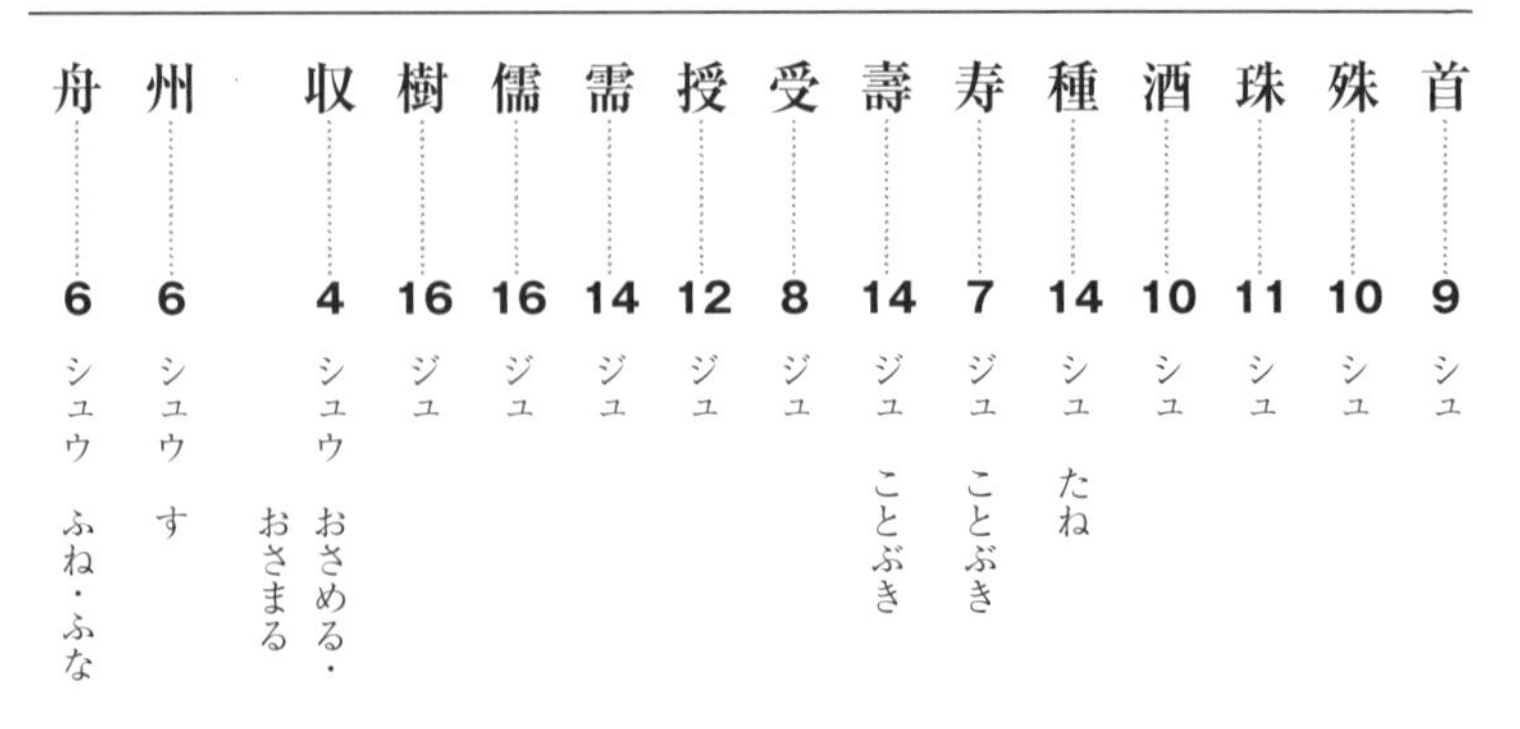

漢字	画数	読み
首	9	シュ
殊	10	シュ
珠	11	シュ
酒	10	シュ
種	14	シュ　たね
寿	7	ジュ　ことぶき
壽	14	ジュ　ことぶき
受	8	ジュ
授	12	ジュ
需	14	ジュ
儒	16	ジュ
樹	16	ジュ
収	4	シュウ　おさめる・おさまる
州	6	シュウ　す
舟	6	シュウ　ふね・ふな

漢字	画数	読み
秀	7	シュウ　ひいでる
周	8	シュウ
宗	8	シュウ・ソウ
拾	10	シュウ・ジュウ
秋	9	シュウ　あき
柊	9	シュウ　ひいらぎ
洲	10	シュウ・ス　す・しま
修	10	シュウ・シュ
習	11	シュウ　ならう
週	15	シュウ
脩	13	シュウ・ユウ
就	12	シュウ・ジュ
衆	12	シュウ・シュ
集	12	シュウ
萩	15	シュウ

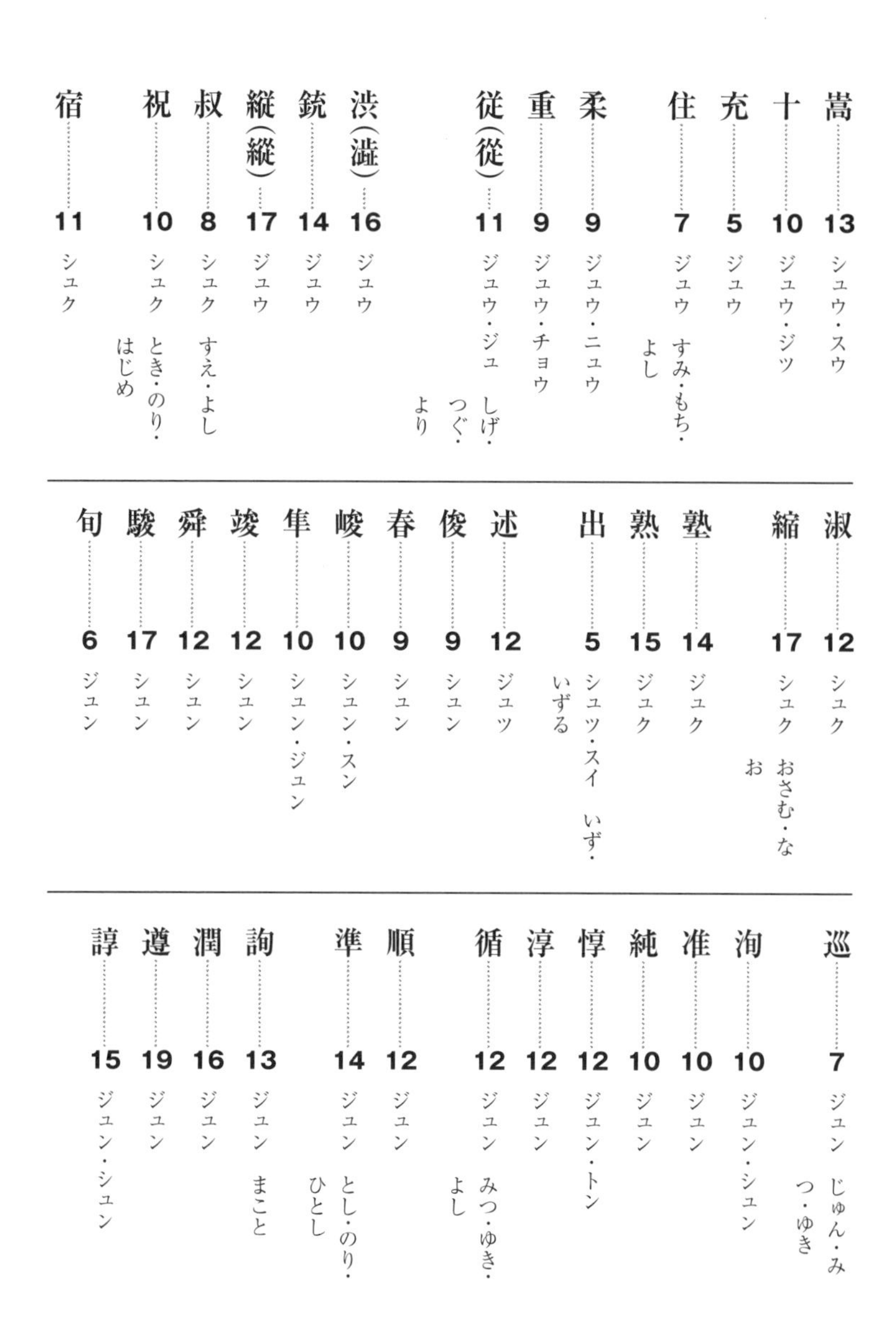

漢字	画数	読み	名のり
嵩	13	シュウ・スウ	
十	10	ジュウ・ジツ	
充	5	ジュウ	
住	7	ジュウ	すみ・もち・よし
柔	9	ジュウ・ニュウ	
重	9	ジュウ・チョウ	
従（從）	11	ジュウ・ジュ	しげ・つぐ・より
渋（澁）	16	ジュウ	
銃	14	ジュウ	
縦（縱）	17	ジュウ	
叔	8	シュク	すえ・よし
祝	10	シュク	とき・のり・はじめ
宿	11	シュク	
淑	12	シュク	
縮	17	シュク	おさむ・なお
塾	14	ジュク	
熟	15	ジュク	
出	5	シュツ・スイ	いず・いずる
述	12	ジュツ	
俊	9	シュン	
春	9	シュン	
峻	10	シュン・スン	
隼	10	シュン・ジュン	
竣	12	シュン	
舜	12	シュン	
駿	17	シュン	
旬	6	ジュン	
巡	7	ジュン	じゅん・みつ・ゆき
洵	10	ジュン・シュン	
准	10	ジュン	
純	10	ジュン	
惇	12	ジュン・トン	
淳	12	ジュン	
循	12	ジュン	みつ・ゆき・よし
順	12	ジュン	
準	14	ジュン	とし・のり・ひとし
詢	13	ジュン	まこと
潤	16	ジュン	
遵	19	ジュン	
諄	15	ジュン・シュン	

漢字	画数	読み
醇	15	ジュン　あつ・あつし
初	7	ショ　はじめ・はじめて・はつ・うい・そめる
書	10	ショ
庶	11	ショ　ちか・もり・もろ
渚	13	ショ
緒	15	ショ・チョ　お
諸	16	ショ　つら・もり・もろ
曙	18	ショ　あきら・あけ
女	3	ジョ・ニョ　こ・たか・め・よし
助	7	ジョ　たすく・ひろ・ます
序	7	ジョ
叙	9	ジョ　のぶ・みつ
徐	10	ジョ　やす・ゆき
小	3	ショウ　こ・お
升	4	ショウ
少	4	ショウ　お・つぎ・まさ・まれ
召	5	ショウ　よし
匠	6	ショウ　たくみ・なる
庄	6	ショウ・ソウ　しょう・たいら・まさ
肖	9	ショウ
尚	8	ショウ
招	9	ショウ　あき・あきら
承	8	ショウ
昇	8	ショウ
松	8	ショウ　まつ
沼	9	ショウ　ぬま
昌	8	ショウ　あき
昭	9	ショウ　あき・あきら・てる・はる
将（將）	11	ショウ
祥	11	ショウ
称（稱）	14	ショウ
笑	10	ショウ　わらう・えむ
商	11	ショウ　あき・あつ・ひさ
渉	11	ショウ
章	11	ショウ
紹	11	ショウ　あき・つぐ・つぎ
梢	11	ショウ　こずえ・す

え・たか

菖 …… 14 ショウ あやめ
勝 …… 12 ショウ かつ・まさる
掌 …… 12 ショウ なか
晶 …… 12 ショウ
詔 …… 12 ショウ つぐ・のり
証 …… 12 ショウ
象 …… 12 ショウ・ゾウ かた・きせ・たか・のり
翔 …… 12 ショウ さね・しょう
奨(奬) …… 14 ショウ
照 …… 13 ショウ てる
詳 …… 13 ショウ つま・みつ
彰 …… 14 ショウ

衝 …… 15 ショウ つぎ・みち
賞 …… 15 ショウ
憧 …… 16 ショウ・ドウ
篠 …… 16 ショウ
蕉 …… 18 ショウ
上 …… 3 ジョウ うえ
丈 …… 3 ジョウ
丞 …… 6 ジョウ
条(條) …… 11 ジョウ
乗 …… 9 ジョウ
乘 …… 10 ジョウ
城 …… 10 ジョウ
浄 …… 12 ジョウ
剰 …… 11 ジョウ
剩 …… 12 ジョウ

常 …… 11 ジョウ つね・とこ
場 …… 12 ジョウ ば
縄(繩) …… 19 ジョウ なわ
壌(壤) …… 20 ジョウ
嬢(孃) …… 20 ジョウ
錠 …… 16 ジョウ
穣(穰) …… 22 ジョウ
譲(讓) …… 24 ジョウ
色 …… 6 ショク いろ
植 …… 12 ショク
殖 …… 12 ショク
飾 …… 14 ショク
嘱(囑) …… 24 ショク
織 …… 18 ショク・シキ
職 …… 18 ショク

心　4　シン
申　5　シン
伸　7　シン
臣　6　シン・ジン
身　7　シン
辰　7　シン・ジン
信　9　シン
津　10　シン　つ
神　10　シン・ジン
振　11　シン
真(眞)　10　シン　ま
針　10　シン　はり
晋　10　シン
秦　10　シン・ジン
深　12　シン

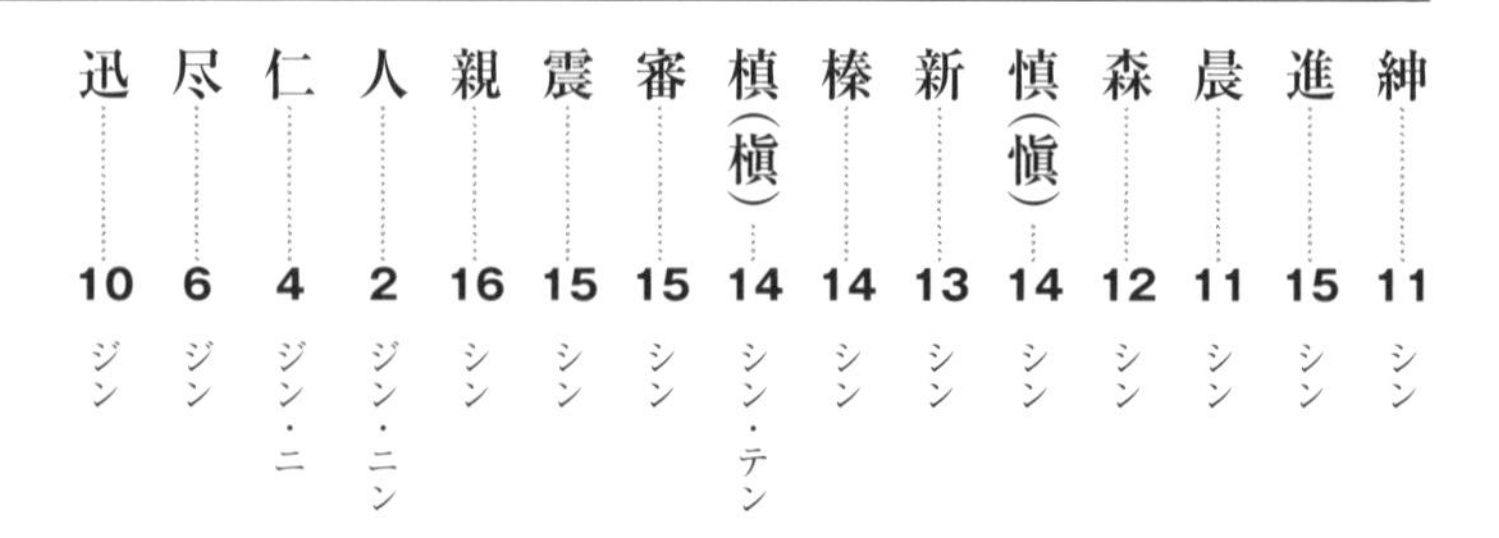
紳　11　シン
進　15　シン
晨　11　シン
森　12　シン
慎(愼)　14　シン
新　13　シン
榛　14　シン
槙(槇)　14　シン・テン
審　15　シン
震　15　シン
親　16　シン
人　2　ジン・ニン
仁　4　ジン・ニ
尽　6　ジン
迅　10　ジン

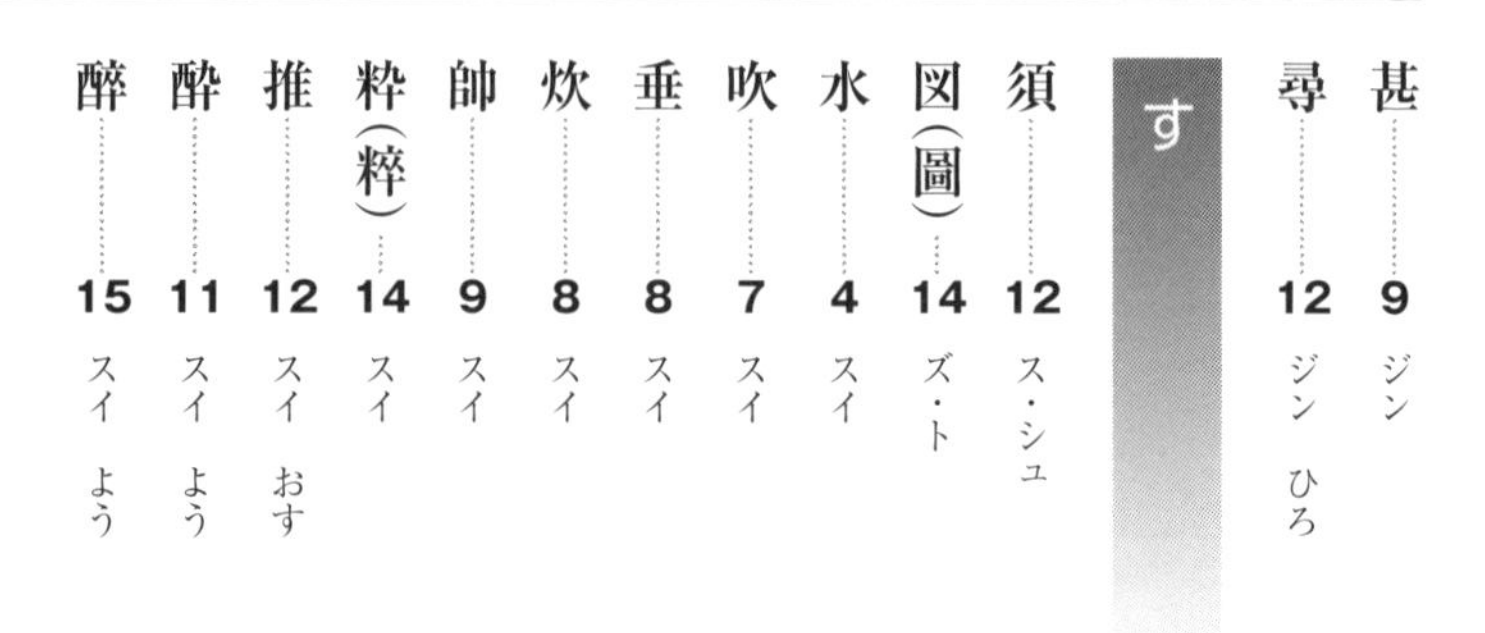
甚　9　ジン
尋　12　ジン　ひろ

す

須　12　ス・シュ
図(圖)　14　ズ・ト
水　4　スイ
吹　7　スイ
垂　8　スイ
炊　8　スイ
帥　9　スイ
粋(粹)　14　スイ
推　12　スイ　おす
酔　11　スイ　よう
醉　15　スイ　よう

彗……11　スイ・セイ・ケイ・エ　ほうき
遂……16　スイ
翠……14　スイ
穂（穗）……17　スイ
随（隨）……21　ズイ
瑞……14　ズイ
枢（樞）……15　スウ
崇……11　スウ
数（數）……15　スウ・ス
雛……18　スウ・シュ
杉……7　すぎ
寸……3　スン

せ

畝……10　セ

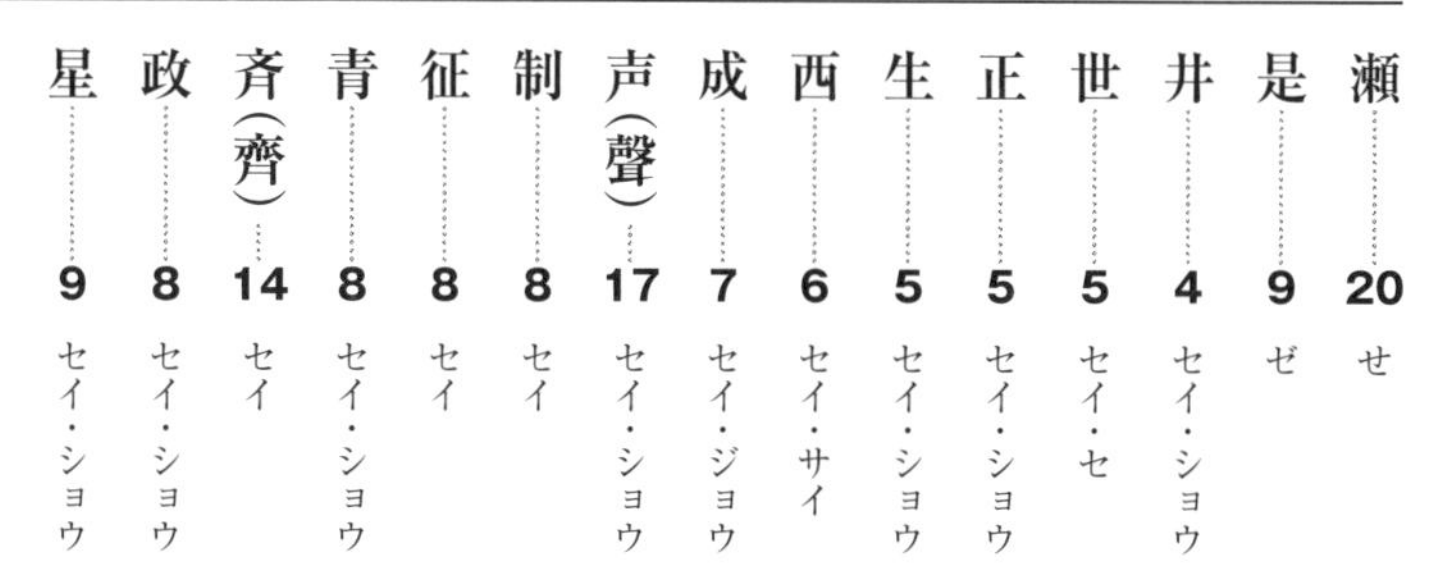

瀬……20　せ
是……9　ゼ
井……4　セイ・ショウ
世……5　セイ・セ
正……5　セイ・ショウ
生……5　セイ・ショウ
西……6　セイ・サイ
成……7　セイ・ジョウ
声（聲）……17　セイ・ショウ
制……8　セイ
征……8　セイ
青……8　セイ・ショウ
斉（齊）……14　セイ
政……8　セイ・ショウ
星……9　セイ・ショウ

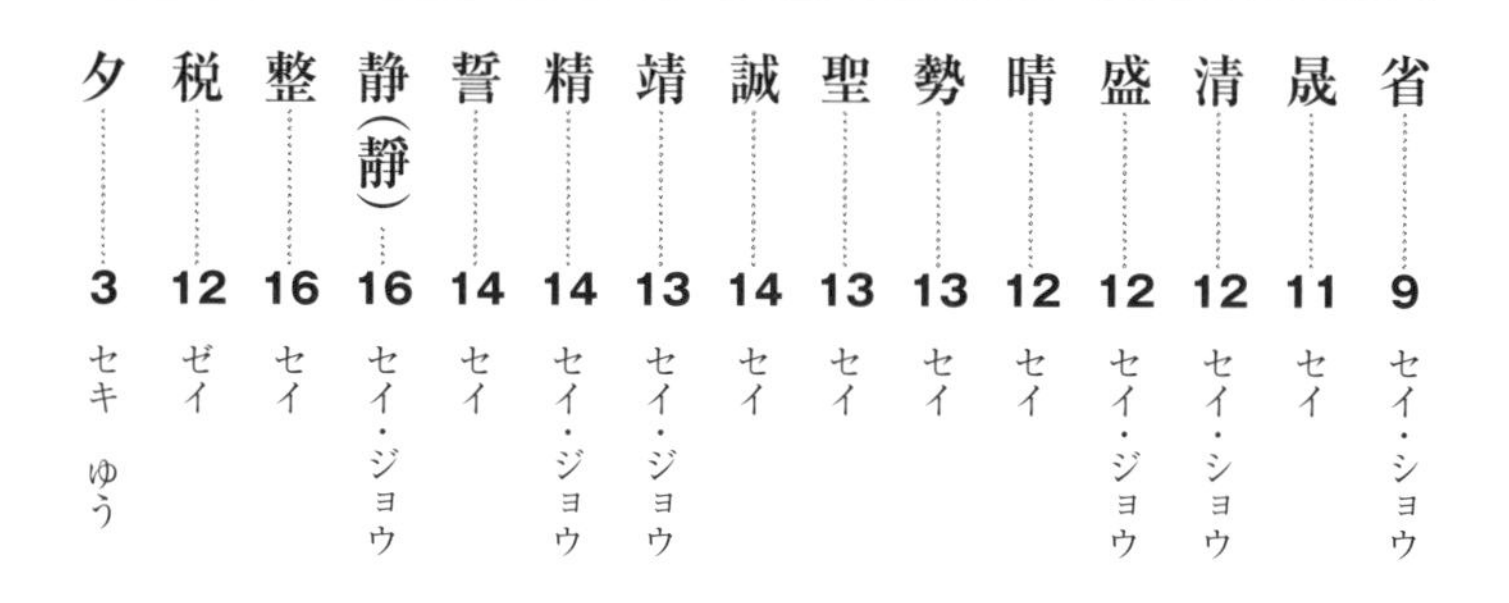

省……9　セイ・ショウ
晟……11　セイ
清……12　セイ・ショウ
盛……12　セイ・ジョウ
晴……12　セイ
勢……13　セイ
聖……13　セイ
誠……14　セイ
靖……13　セイ・ジョウ
精……14　セイ・ジョウ
誓……14　セイ
静（靜）……16　セイ・ジョウ
整……16　セイ
税……12　ゼイ
夕……3　セキ　ゆう

漢字	画数	読み
斥	5	セキ
石	5	セキ・シャク・コク
汐	7	セキ
赤	7	セキ・シャク
昔	8	セキ・シャク
隻	10	セキ
惜	12	セキ
責	11	セキ
跡	13	セキ
積	16	セキ
績	17	セキ
籍	20	セキ
切	4	セツ・サイ
拙	9	セツ
接	12	セツ

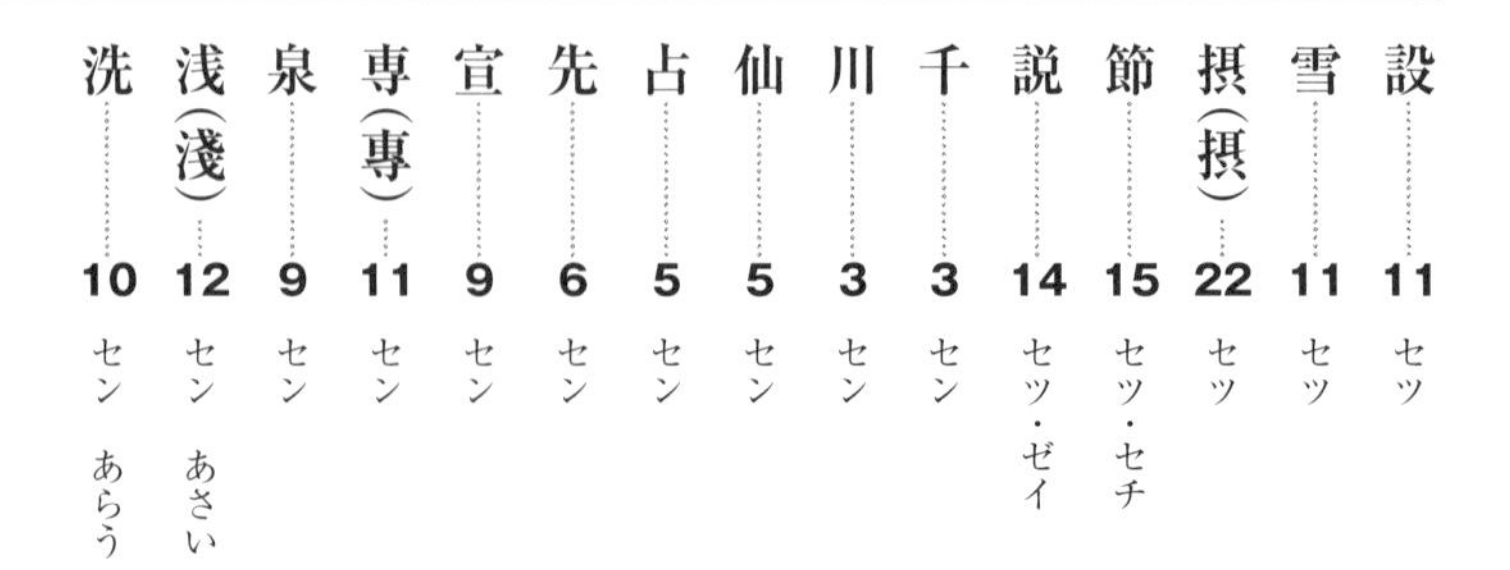

漢字	画数	読み
設	11	セツ
雪	11	セツ
摂（攝）	22	セツ
節	15	セツ・セチ
説	14	セツ・ゼイ
千	3	セン
川	3	セン
仙	5	セン
占	5	セン
先	6	セン
宣	9	セン
専（專）	11	セン
泉	9	セン
浅（淺）	12	セン　あさい
洗	10	セン　あらう

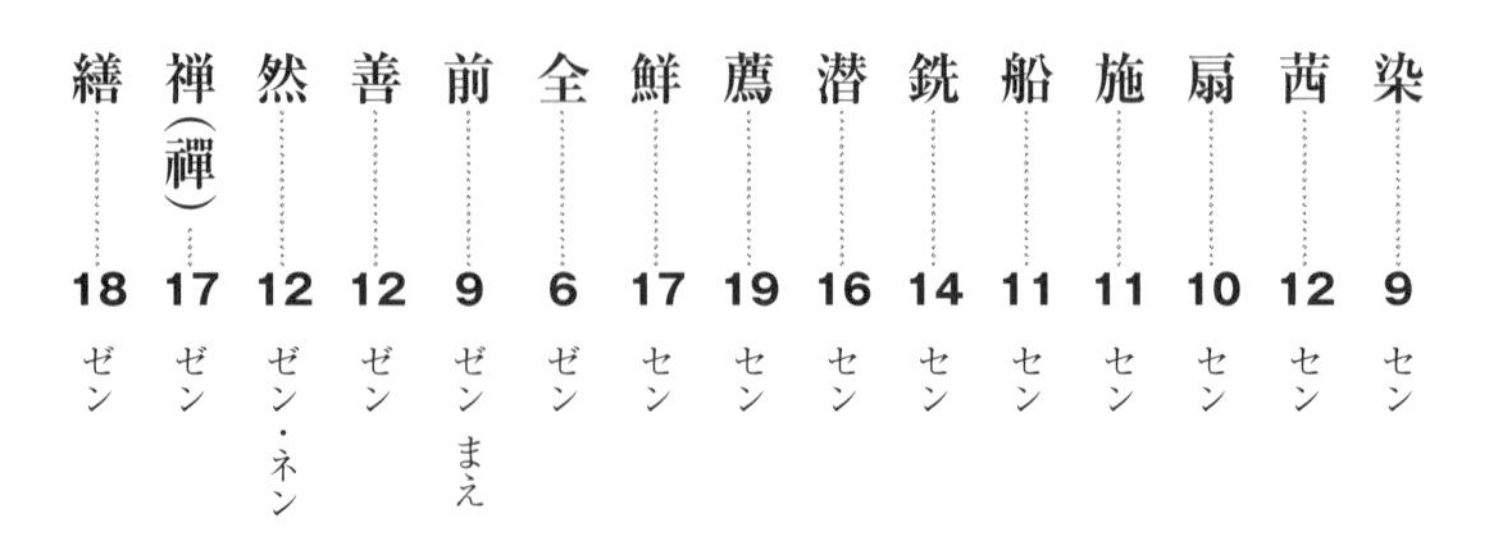

漢字	画数	読み
染	9	セン
茜	12	セン
扇	10	セン
施	11	セン
船	11	セン
銑	14	セン
潜	16	セン
薦	19	セン
鮮	17	セン
全	6	ゼン
前	9	ゼン　まえ
善	12	ゼン
然	12	ゼン・ネン
禅（禪）	17	ゼン
繕	18	ゼン

そ

祖	10	ソ	
租	10	ソ	
素	10	ソ・ス	
組	11	ソ	
塑	13	ソ	
礎	18	ソ	
双(雙)	18	ソウ	
壮(壯)	7	ソウ	
早	6	ソウ・サツ	
争(爭)	8	ソウ	
走	7	ソウ	
奏	9	ソウ	
相	9	ソウ・ショウ	

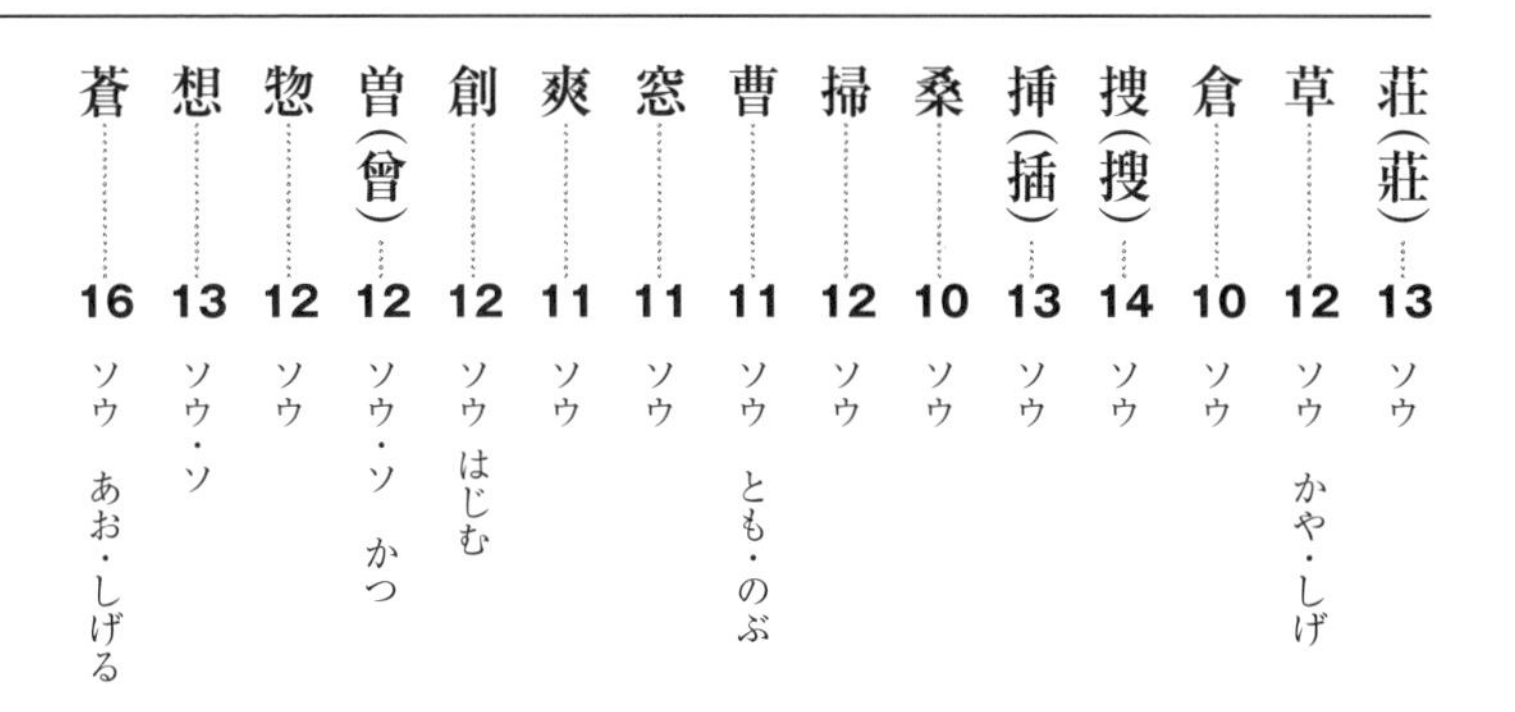

荘(莊)	13	ソウ	
草	12	ソウ	かや・しげ
倉	10	ソウ	
捜(搜)	14	ソウ	
挿(插)	13	ソウ	
桑	10	ソウ	
掃	12	ソウ	
曹	11	ソウ	とも・のぶ
窓	11	ソウ	
爽	11	ソウ	
創	12	ソウ	はじむ
曽(曾)	12	ソウ・ソ	かつ
惣	12	ソウ	
想	13	ソウ・ソ	
蒼	16	ソウ	あお・しげる

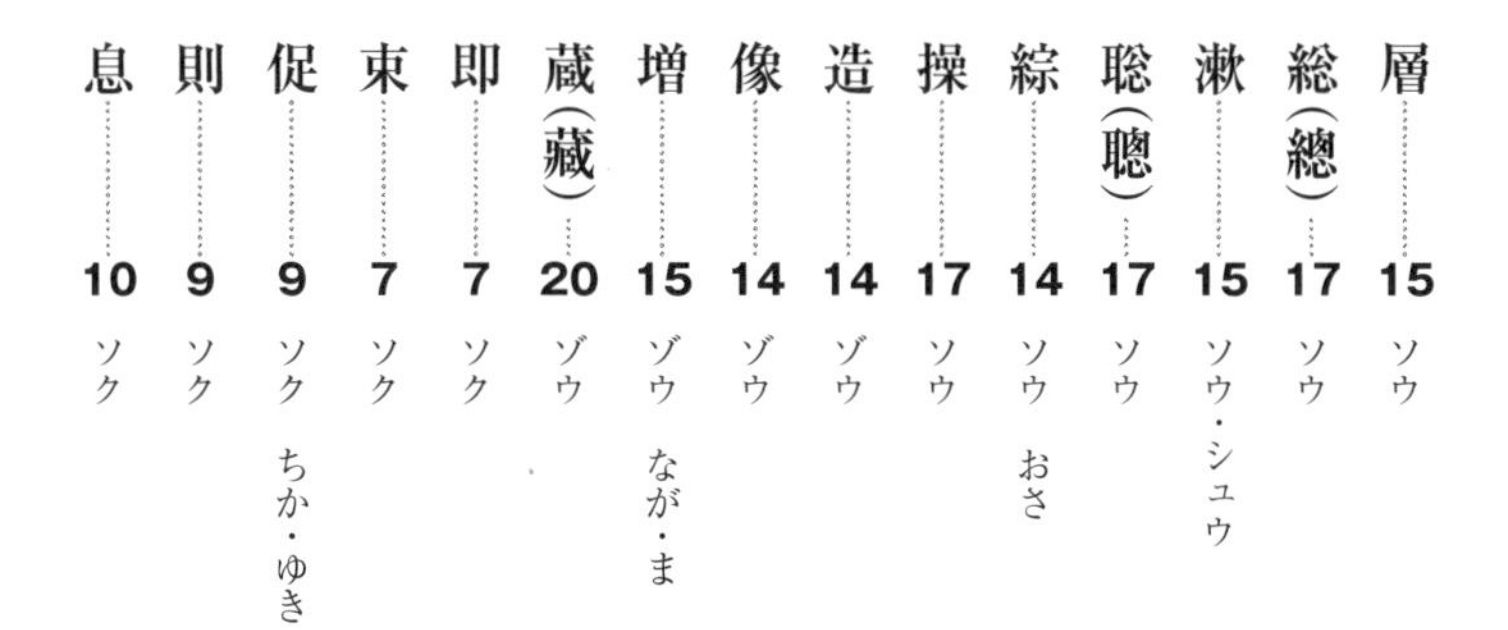

層	15	ソウ	
総(總)	17	ソウ	
漱	15	ソウ・シュウ	
聡(聰)	17	ソウ	
綜	14	ソウ	おさ
操	17	ソウ	
造	14	ゾウ	
像	14	ゾウ	
増	15	ゾウ	なが・ま
蔵(藏)	20	ゾウ	
即	7	ソク	
束	7	ソク	
促	9	ソク	ちか・ゆき
則	9	ソク	
息	10	ソク	

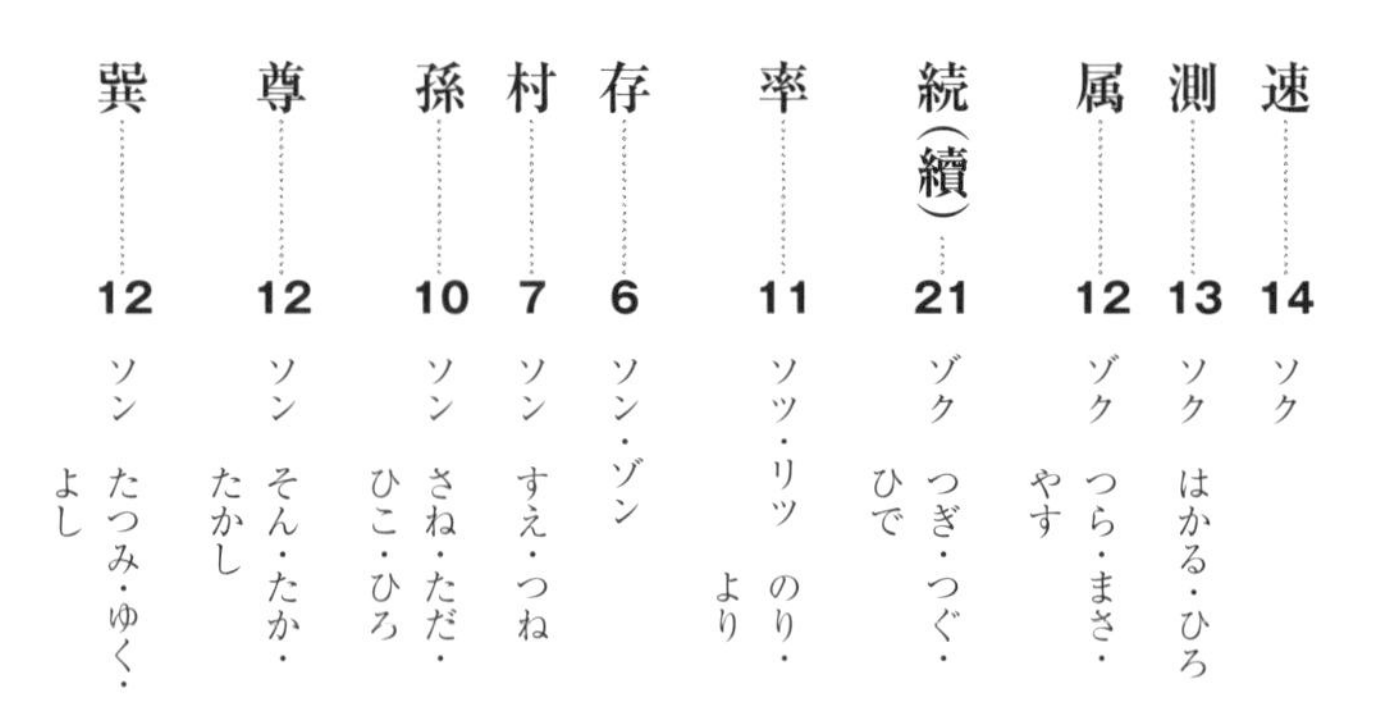

速……14　ソク
測……13　ソク　はかる・ひろ
属……12　ゾク　つら・まさ・やす
続（續）……21　ゾク　つぎ・つぐ・ひで
率……11　ソツ・リツ　のり・より
存……6　ソン・ゾン
村……7　ソン　すえ・つね
孫……10　ソン　さね・ただ・ひこ・ひろ
尊……12　ソン　そん・たか・たかし
巽……12　ソン　たつみ・ゆく・よし

た

多……6　タ
汰……8　タ・タイ
妥……7　ダ　やす・やすし
那……11　ダ・ナ　とも・やす
太……4　タイ・タ
体（體）……23　タイ・テイ
耐……9　タイ　つよし・とう
待……9　タイ　なが・まち・みち
退……13　タイ
帯（帶）……11　タイ
泰……9　タイ
態……14　タイ
黛……17　タイ　まゆ・まゆみ

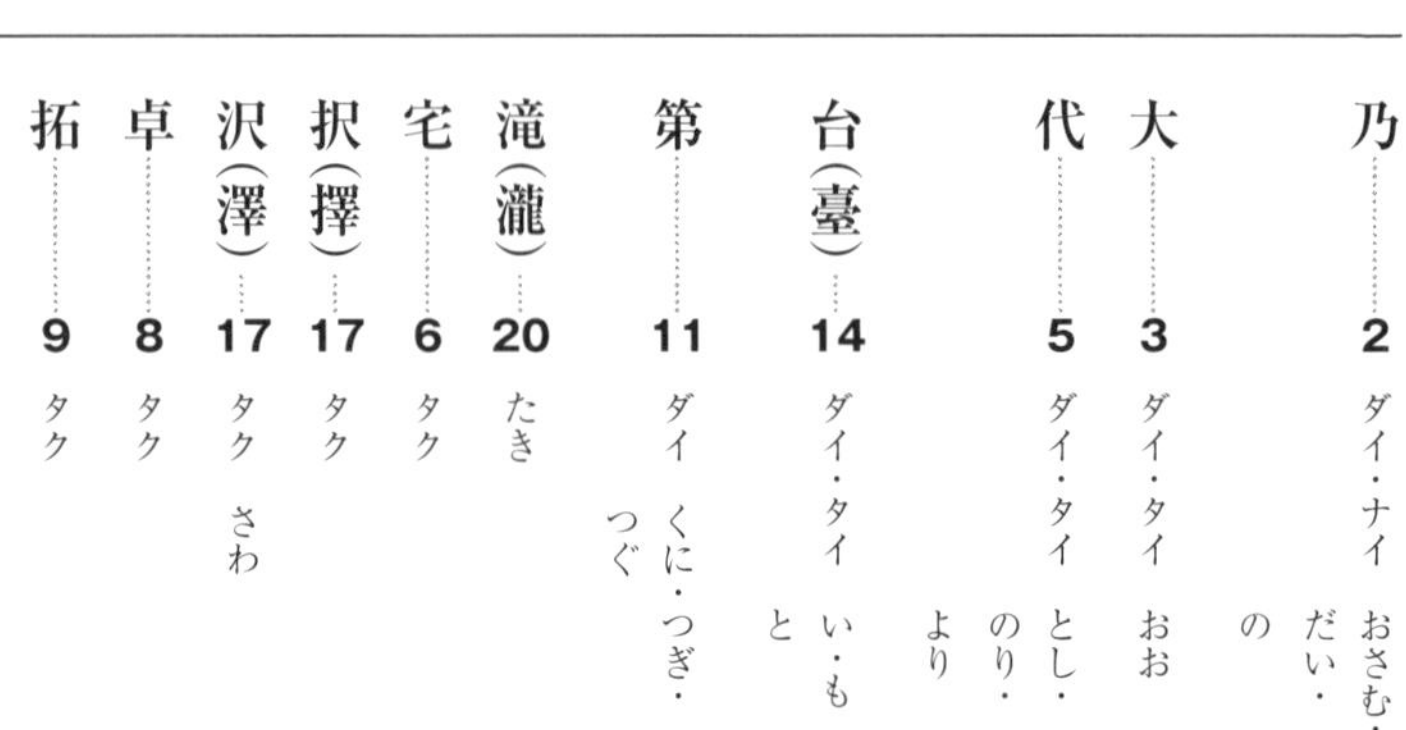

乃……2　ダイ・ナイ　おさむ・だい・の
大……3　ダイ・タイ　おお
代……5　ダイ・タイ　とし・のり・より
台（臺）……14　ダイ・タイ　い・もと
第……11　ダイ　くに・つぎ・つぐ
滝（瀧）……20　たき
宅……6　タク
択（擇）……17　タク
沢（澤）……17　タク　さわ
卓……8　タク
拓……9　タク

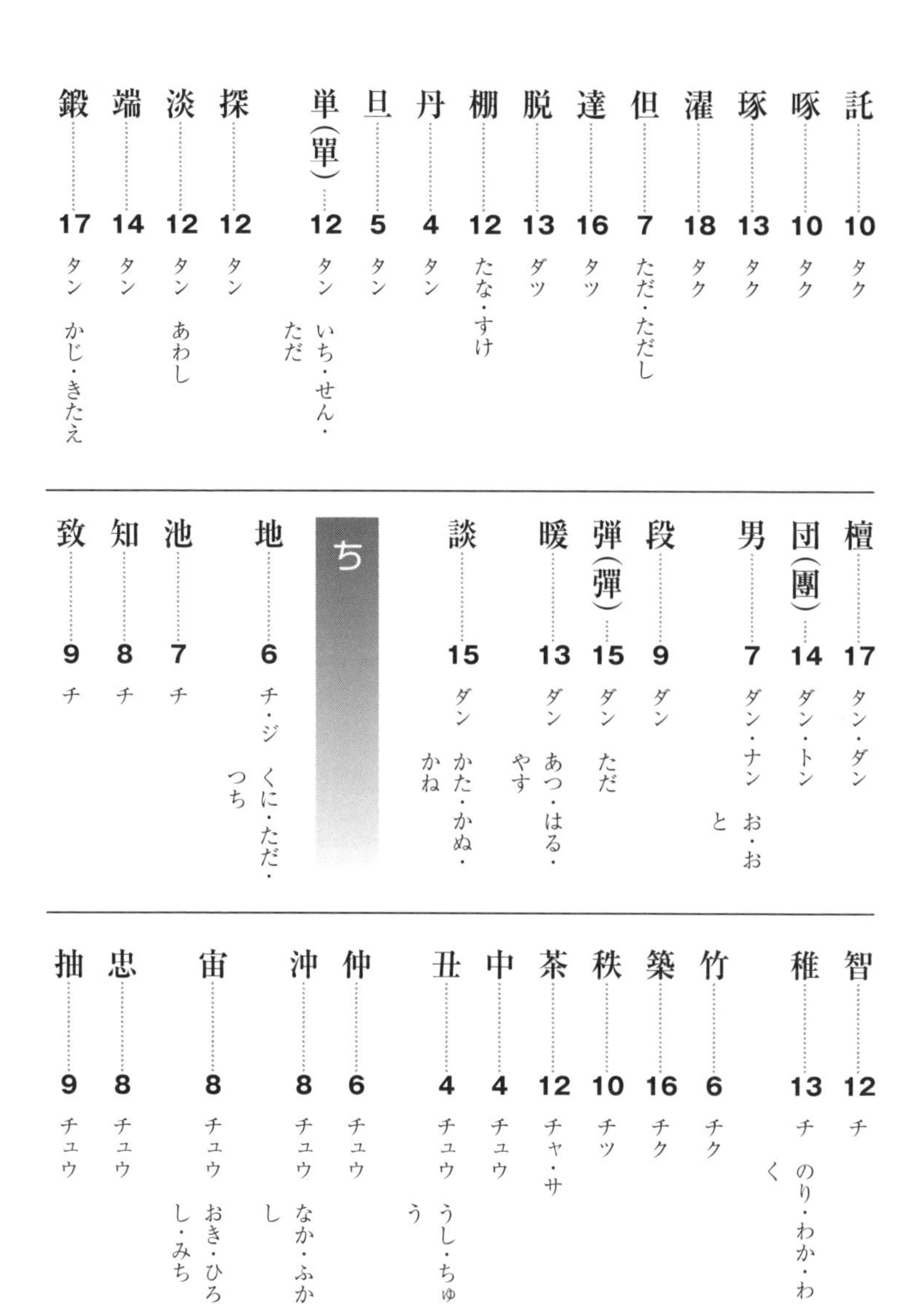

託……10　タク
啄……10　タク
琢……13　タク
濯……18　タク
但……7　ただ・ただし
達……16　タツ
脱……13　ダツ
棚……12　たな・すけ
丹……4　タン
旦……5　タン
単（單）……12　タン　いち・せん・ただ
探……12　タン
淡……12　タン　あわし
端……14　タン
鍛……17　タン　かじ・きたえ

檀……17　タン・ダン
団（團）……14　ダン・トン
男……7　ダン・ナン　お・おと
段……9　ダン
弾（彈）……15　ダン　ただ
暖……13　ダン　あつ・はる・やす
談……15　ダン　かた・かぬ・かね

ち

地……6　チ・ジ　くに・ただ・つち
池……7　チ
知……8　チ
致……9　チ

智……12　チ
稚……13　チ　のり・わか・わく
竹……6　チク
築……16　チク
秩……10　チツ
茶……12　チャ・サ
中……4　チュウ
丑……4　チュウ　うし・ちゅう
仲……6　チュウ
沖……8　チュウ　なか・ふかし
宙……8　チュウ　おき・ひろし・みち
忠……8　チュウ
抽……9　チュウ

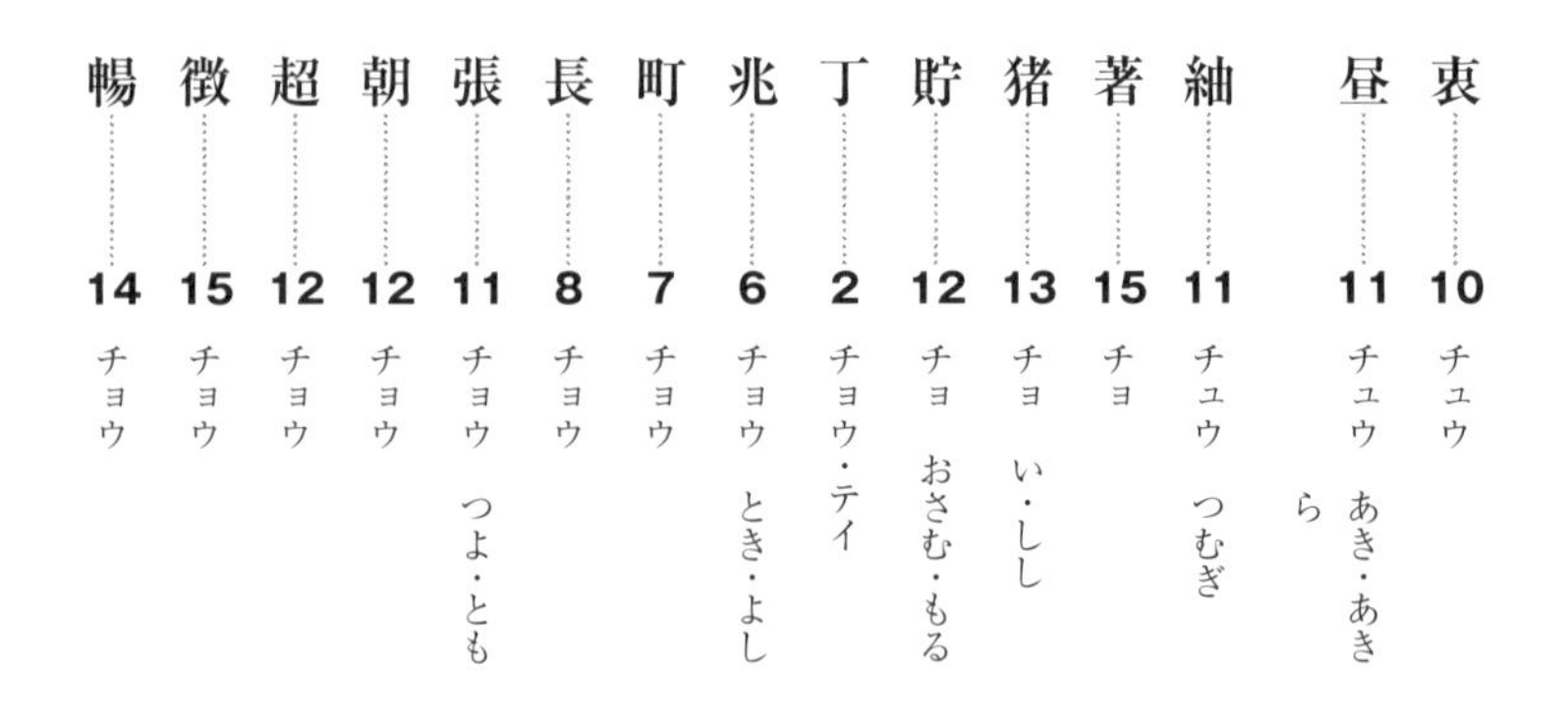

漢字	画数	読み	名のり
衷	10	チュウ	
昼	11	チュウ	あき・あきら
紬	11	チュウ	つむぎ
著	15	チョ	
猪	13	チョ	い・しし
貯	12	チョ	おさむ・もる
丁	2	チョウ・テイ	
兆	6	チョウ	とき・よし
町	7	チョウ	
長	8	チョウ	
張	11	チョウ	つよ・とも
朝	12	チョウ	
超	12	チョウ	
徴	15	チョウ	
暢	14	チョウ	

漢字	画数	読み	名のり
肇	14	チョウ	
蔦	17	チョウ	
潮	16	チョウ	
澄	16	チョウ	
調	15	チョウ	
蝶	15	チョウ	
聴（聽）	22	チョウ	きく
鯛	19	チョウ	たい・ちょう
直	8	チョク・ジキ	
勅（敕）	9	チョク	ただ・て・とき
珍	10	チン	
陳	16	チン	
椿	13	チン・チュン	
鎮（鎭）	18	チン	

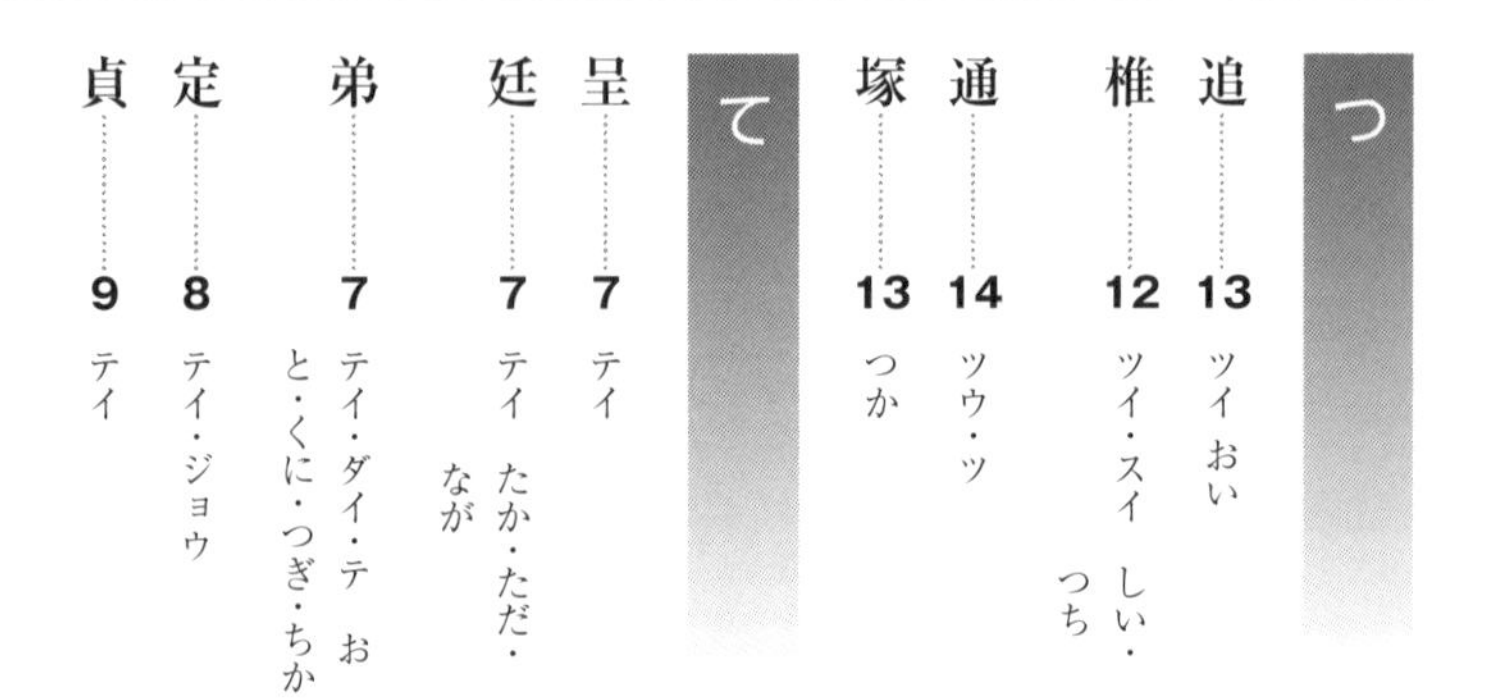

つ

漢字	画数	読み	名のり
追	13	ツイ	おい
椎	12	ツイ・スイ	しい・つち
通	14	ツウ・ツ	
塚	13	つか	

て

漢字	画数	読み	名のり
呈	7	テイ	
廷	7	テイ	たか・ただ・なが
弟	7	テイ・ダイ・テ	おと・くに・つぎ・ちか
定	8	テイ・ジョウ	
貞	9	テイ	

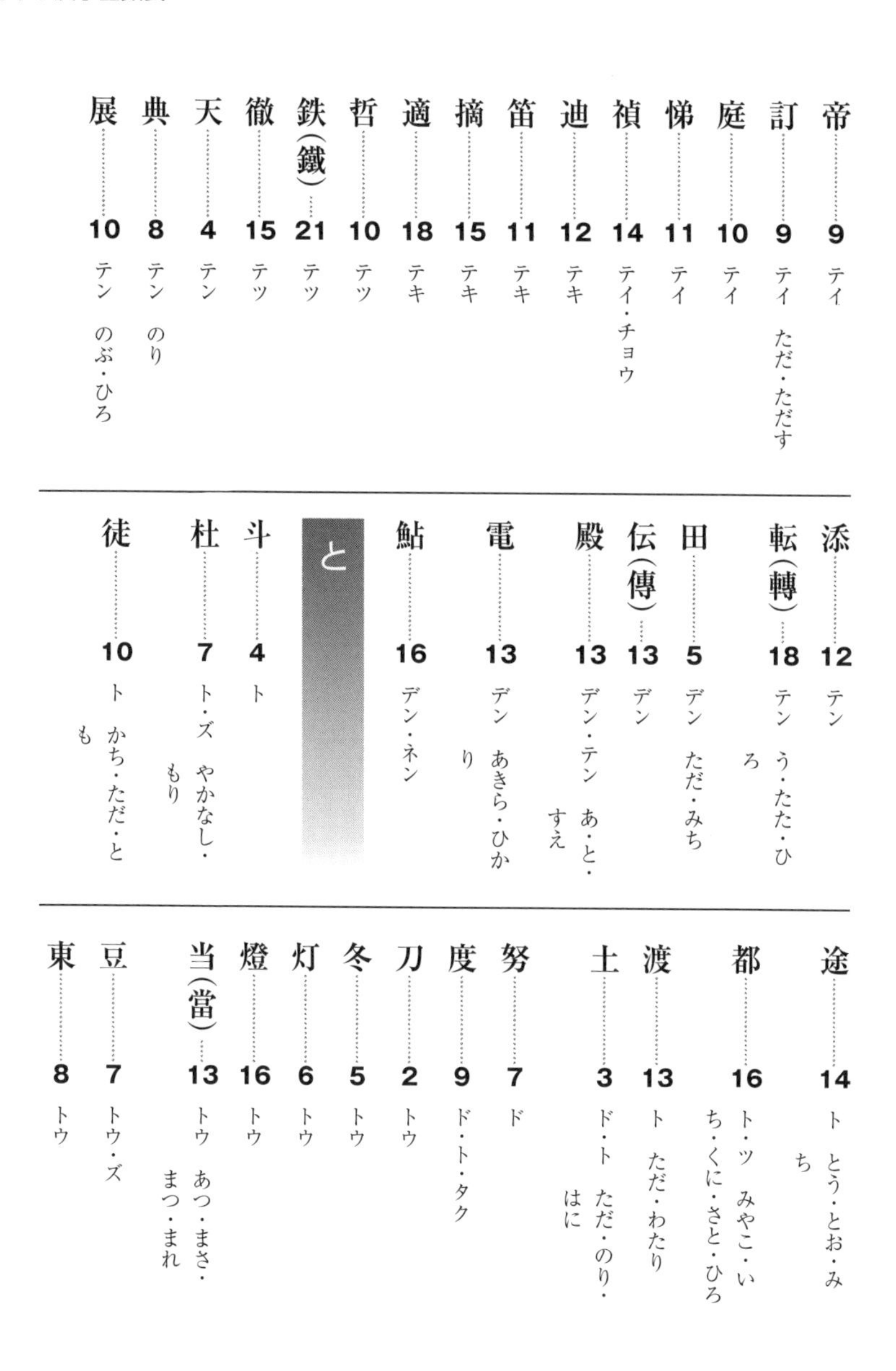

漢字	画数	読み	名のり
帝	9	テイ	
訂	9	テイ	ただ・ただす
庭	10	テイ	
悌	11	テイ	
禎	14	テイ・チョウ	
迪	12	テキ	
笛	11	テキ	
摘	15	テキ	
適	18	テキ	
哲	10	テツ	
鉄(鐵)	21	テツ	
徹	15	テツ	
天	4	テン	
典	8	テン	のり
展	10	テン	のぶ・ひろ
添	12	テン	
転(轉)	18	テン	う・たた・ひろ
田	5	デン	ただ・みち
伝(傳)	13	デン	
殿	13	デン・テン	あ・と・すえ
電	13	デン	あきら・ひかり
鮎	16	デン・ネン	
と			
斗	4	ト	
杜	7	ト・ズ	やかなし・もり
徒	10	ト	かち・ただ・とも
途	14	ト	とう・とお・みち
都	16	ト・ツ	みやこ・いち・くに・さと・ひろ
渡	13	ト	ただ・わたり
土	3	ド・ト	ただ・のり・はに
努	7	ド	
度	9	ド・ト・タク	
刀	2	トウ	
冬	5	トウ	
灯	6	トウ	
燈	16	トウ	
当(當)	13	トウ	あつ・まさ・まつ・まれ
豆	7	トウ・ズ	
東	8	トウ	

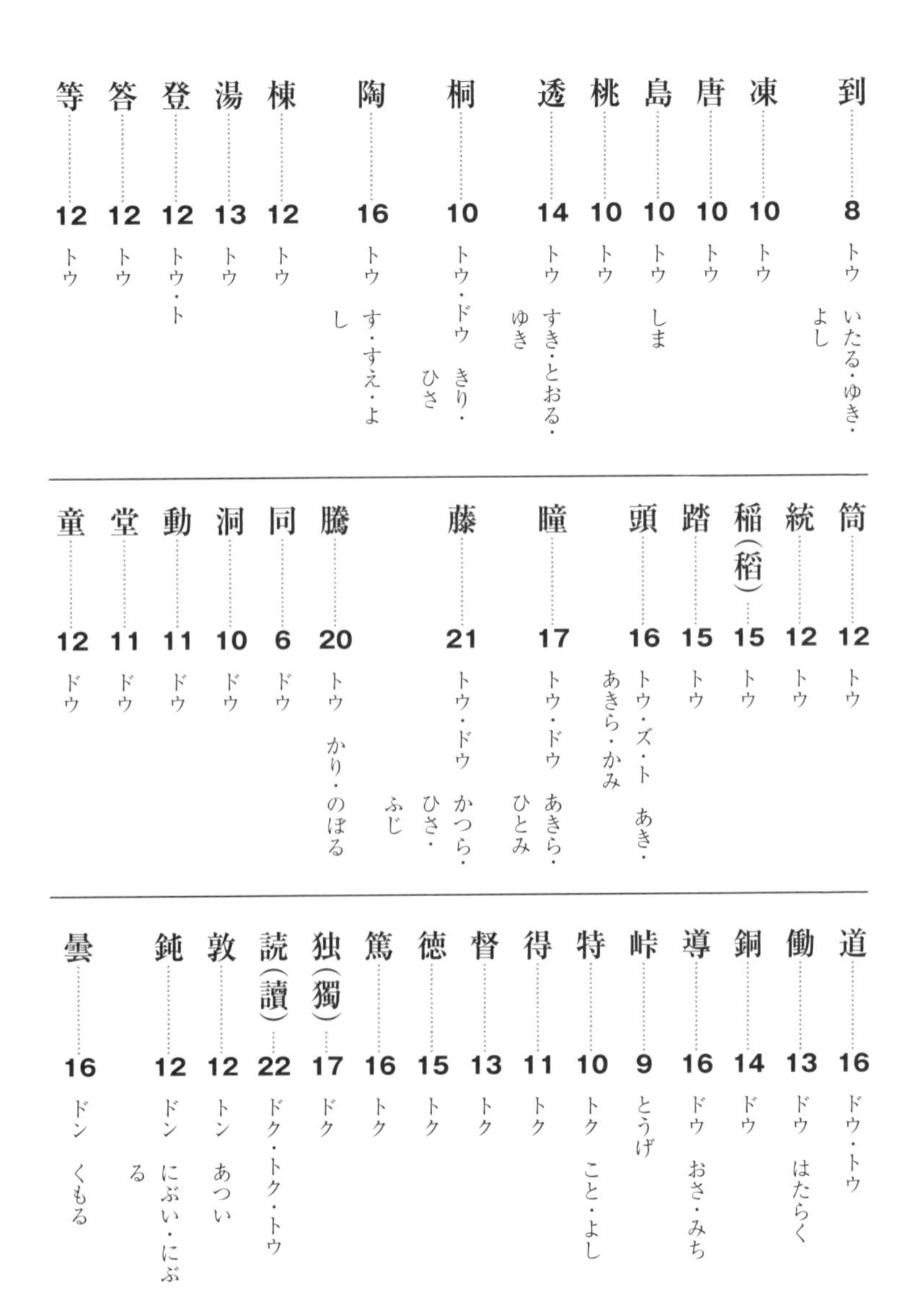

漢字	画数	読み
到	8	トウ　いたる・ゆき・よし
凍	10	トウ
唐	10	トウ
島	10	トウ　しま
桃	10	トウ
透	14	トウ　すき・とおる・ゆき
桐	10	トウ・ドウ　きり・ひさ
陶	16	トウ　す・すえ・よし
棟	12	トウ
湯	13	トウ
登	12	トウ・ト
答	12	トウ
等	12	トウ
筒	12	トウ
統	12	トウ
稲（稻）	15	トウ
踏	15	トウ
頭	16	トウ・ズ・ト　あき・あきら・かみ
瞳	17	トウ・ドウ　あきら・ひとみ
藤	21	トウ・ドウ　かつら・ひさ・ふじ
騰	20	トウ　かり・のぼる
同	6	ドウ
洞	10	ドウ
動	11	ドウ
堂	11	ドウ
童	12	ドウ
道	16	ドウ・トウ
働	13	ドウ　はたらく
銅	14	ドウ
導	16	ドウ　おさ・みち
峠	9	とうげ
特	10	トク　こと・よし
得	11	トク
督	13	トク
徳	15	トク
篤	16	トク
独（獨）	17	ドク
読（讀）	22	ドク・トク・トウ
敦	12	トン　あつい
鈍	12	ドン　にぶい・にぶる
曇	16	ドン　くもる

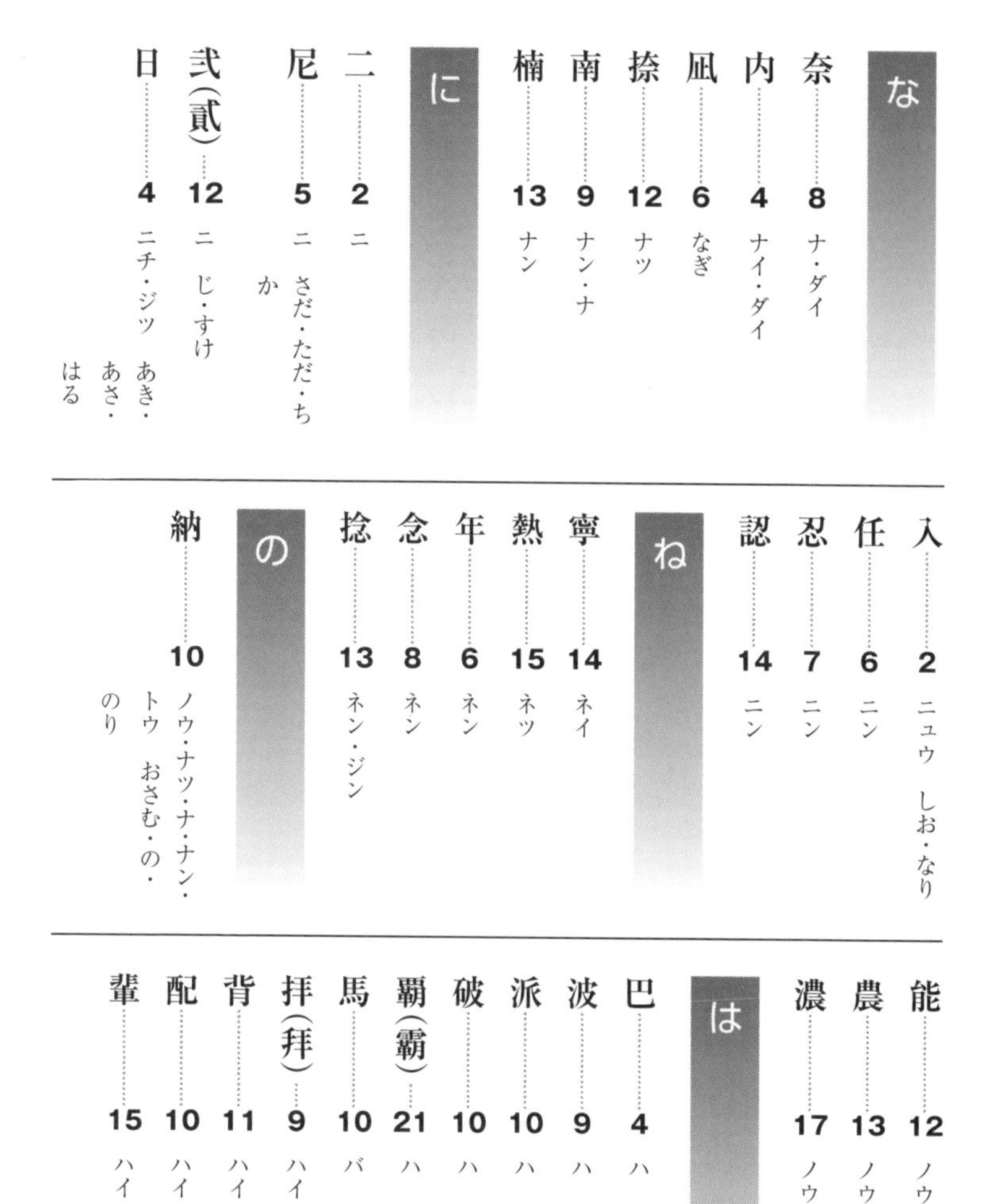

な

漢字	画数	読み
奈	8	ナ・ダイ
内	4	ナイ・ダイ
凪	6	なぎ
捺	12	ナツ
南	9	ナン・ナ
楠	13	ナン

に

漢字	画数	読み
二	2	ニ
尼	5	ニ　さだ・ただ・ちか
弐(貳)	12	ニ　じ・すけ
日	4	ニチ・ジツ　あき・あさ・はる
入	2	ニュウ　しお・なり
任	6	ニン
忍	7	ニン
認	14	ニン

ね

漢字	画数	読み
寧	14	ネイ
熱	15	ネツ
年	6	ネン
念	8	ネン
捻	13	ネン・ジン

の

漢字	画数	読み
納	10	ノウ・ナツ・ナ・ナン・トウ　おさむ・の・のり
能	12	ノウ
農	13	ノウ
濃	17	ノウ

は

漢字	画数	読み
巴	4	ハ
波	9	ハ
派	10	ハ
破	10	ハ
覇(霸)	21	ハ
馬	10	バ
拝(拜)	9	ハイ
背	11	ハイ
配	10	ハイ
輩	15	ハイ

売(賣)……15　バイ
倍……10　バイ
梅……11　バイ
唄……10　バイ
培……11　バイ
陪……16　バイ
白……5　ハク・ビャク
伯……7　ハク
拍……9　ハク・ヒョウ
迫……12　ハク
博……12　ハク・バク
薄……19　ハク
麦(麥)……11　バク　むぎ
漠……15　バク
畑……9　はた

八……8　ハチ
発(發)……12　ハツ・ホツ
抜(拔)……9　バツ
閥……14　バツ
反……4　ハン・ホン・タン
半……5　ハン
帆……6　ハン
伴……7　ハン・バン
判……7　ハン・バン
坂……7　ハン
班……11　ハン
般……10　ハン
範……15　ハン
繁……17　ハン
晩……11　バン

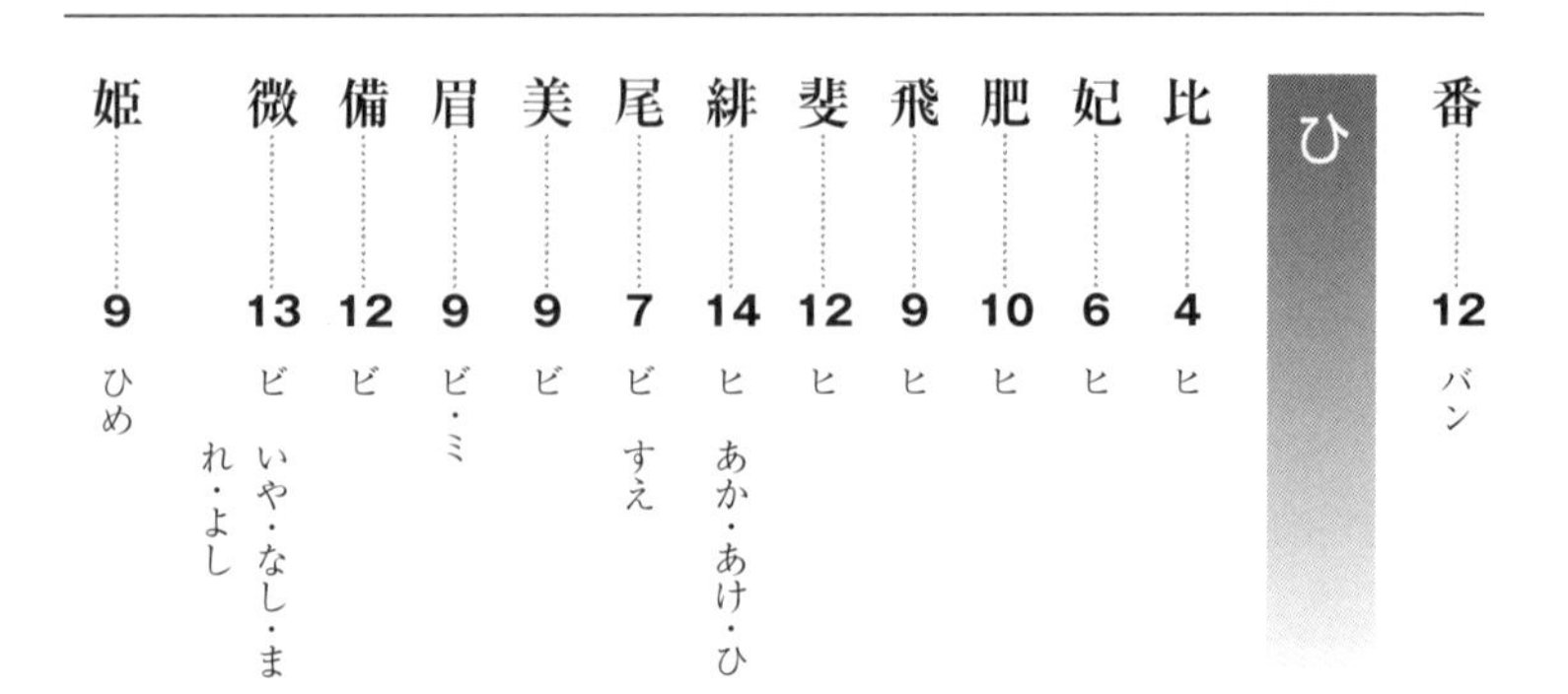

番……12　バン

ひ

比……4　ヒ
妃……6　ヒ
肥……10　ヒ
飛……9　ヒ
斐……12　ヒ
緋……14　ヒ　あか・あけ・ひ
尾……7　ビ　すえ
美……9　ビ
眉……9　ビ・ミ
備……12　ビ
微……13　ビ　いや・なし・まれ・よし
姫……9　ひめ

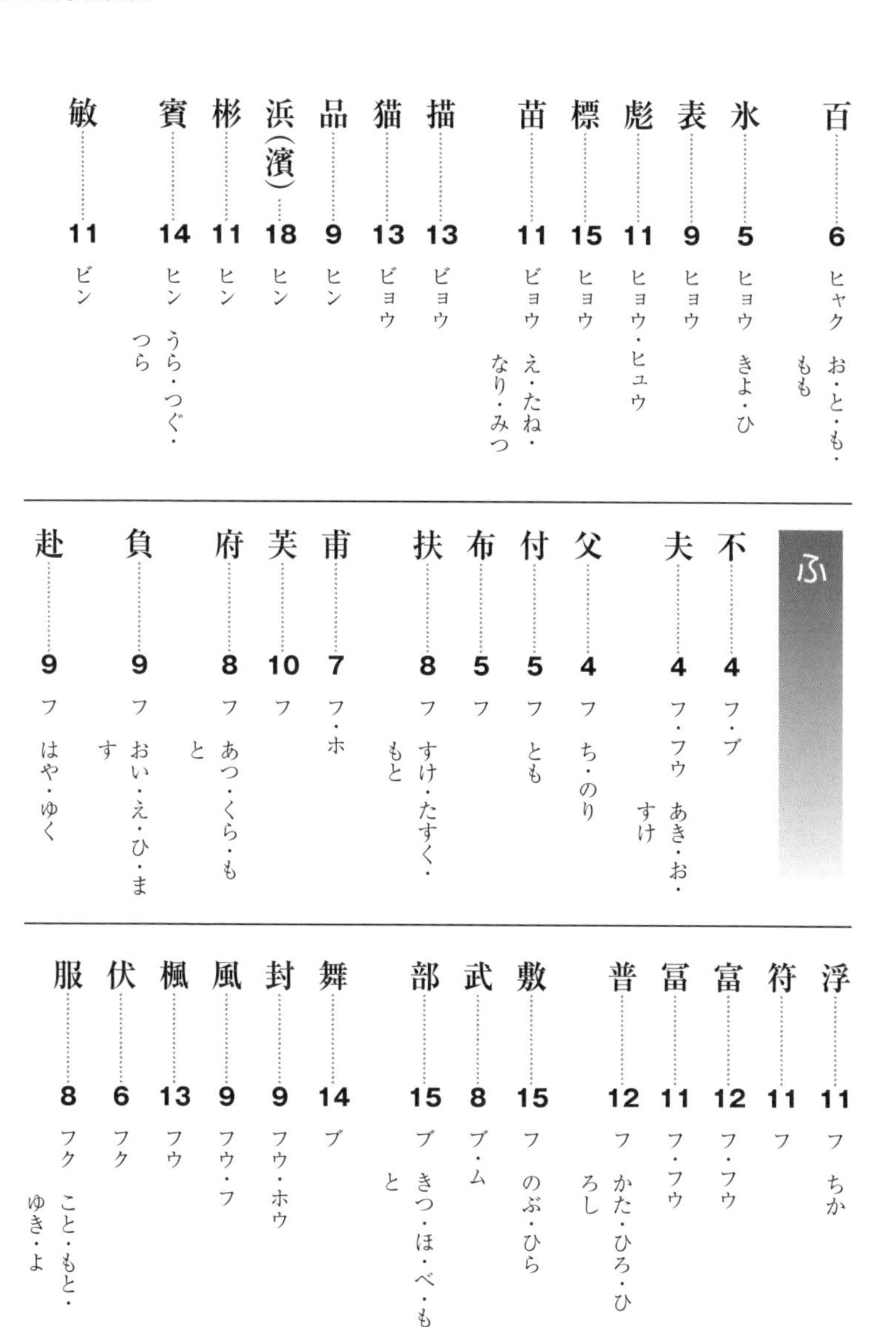

漢字	画数	音読み	名のり
百	6	ヒャク	お・と・も・もも
氷	5	ヒョウ	きよ・ひ
表	9	ヒョウ	
彪	11	ヒョウ・ヒュウ	
標	15	ヒョウ	
苗	11	ビョウ	え・たね・なり・みつ
描	13	ビョウ	
猫	13	ビョウ	
品	9	ヒン	
浜(濱)	18	ヒン	
彬	11	ヒン	
賓	14	ヒン	うら・つぐ・つら
敏	11	ビン	

ふ

漢字	画数	音読み	名のり
不	4	フ・ブ	
夫	4	フ・フウ	あき・お・すけ
父	4	フ	ち・のり
付	5	フ	とも
布	5	フ	
扶	8	フ	すけ・たすく・もと
甫	7	フ・ホ	
芙	10	フ	
府	8	フ	あつ・くら・もと
負	9	フ	おい・え・ひ・ます
赴	9	フ	はや・ゆく
浮	11	フ	ちか
符	11	フ	
富	12	フ・フウ	
冨	11	フ・フウ	
普	12	フ	かた・ひろ・ひろし
敷	15	フ	のぶ・ひら
武	8	ブ・ム	
部	15	ブ	きつ・ほ・べ・もと
舞	14	ブ	
封	9	フウ・ホウ	
風	9	フウ・フ	
楓	13	フウ	
伏	6	フク	
服	8	フク	こと・もと・ゆき・よ

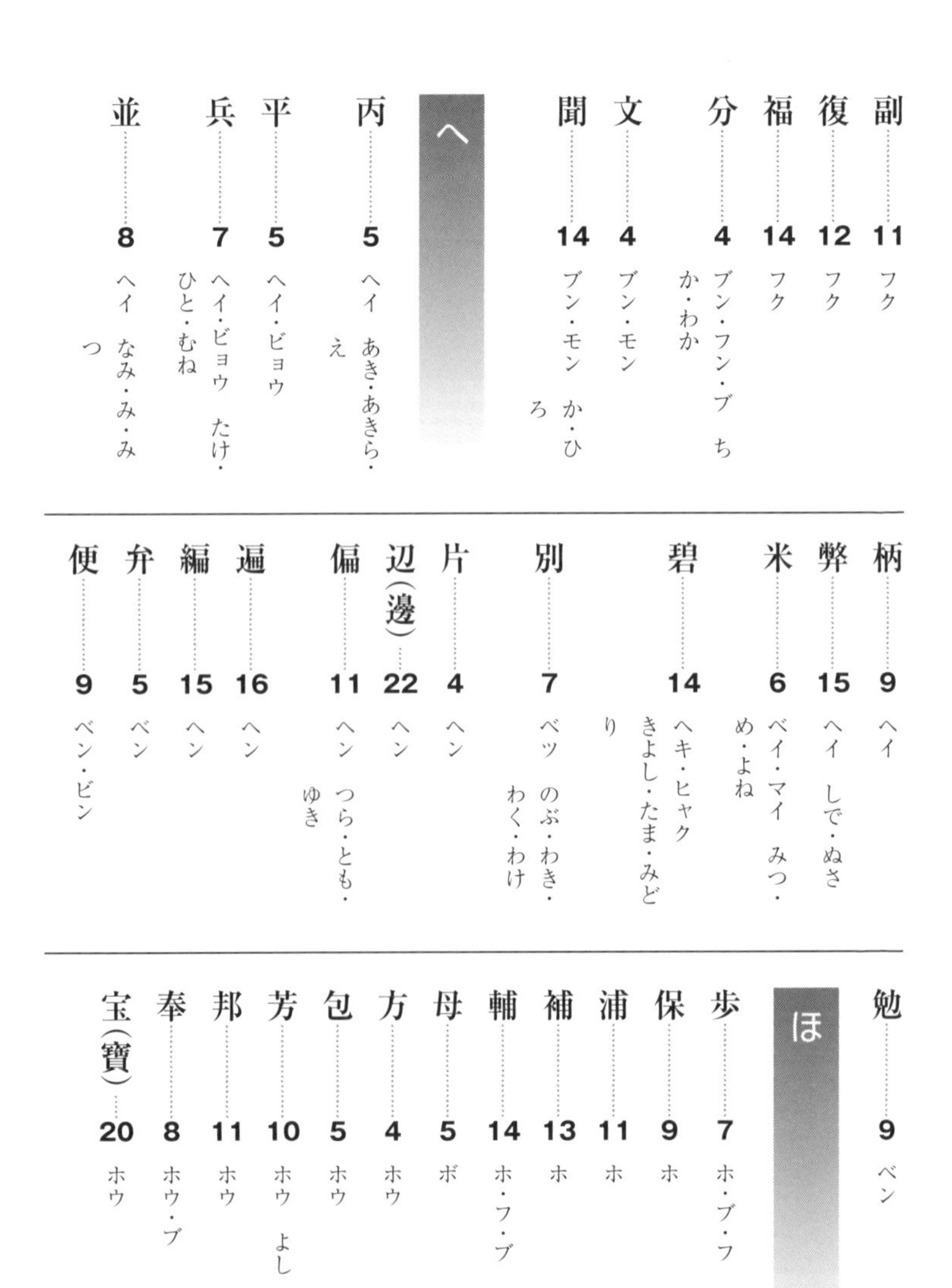

へ

ほ

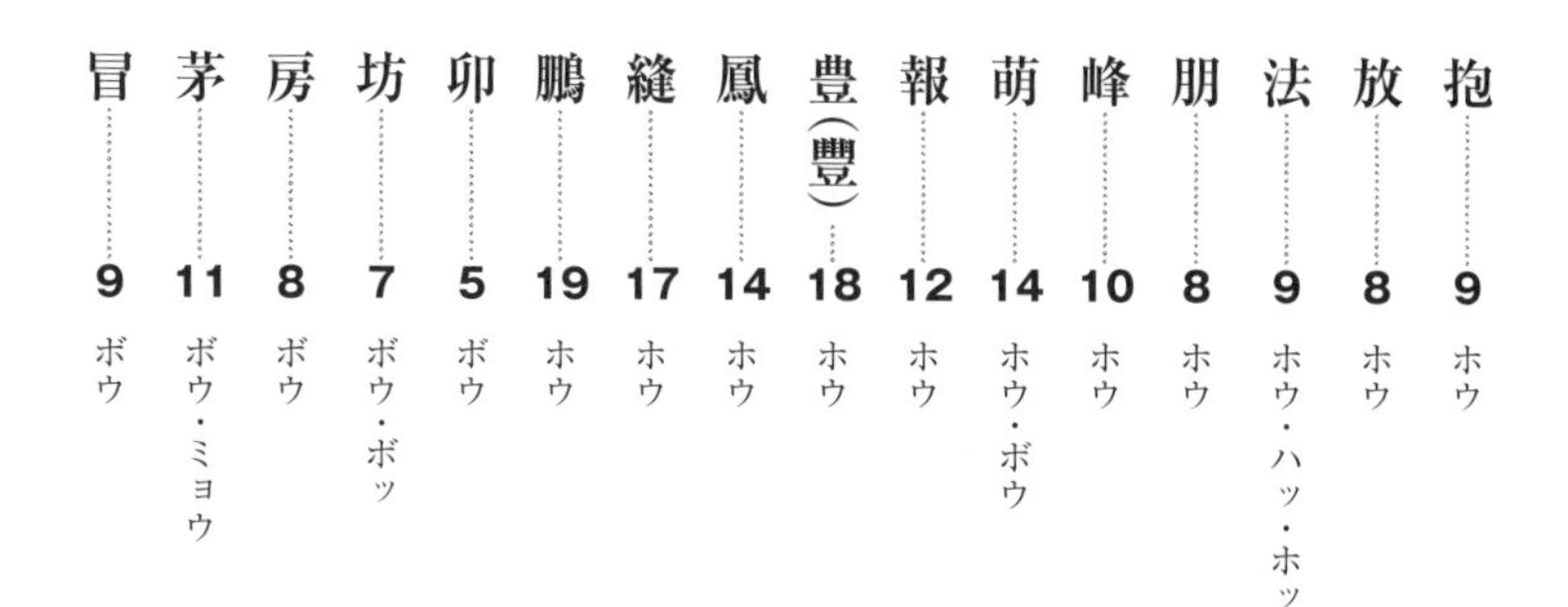

漢字	画数	読み
抱	9	ホウ
放	8	ホウ
法	9	ホウ・ハッ・ホッ
朋	8	ホウ
峰	10	ホウ
萌	14	ホウ・ボウ
報	12	ホウ
豊（豐）	18	ホウ
鳳	14	ホウ
縫	17	ホウ
鵬	19	ホウ
卯	5	ボウ
坊	7	ボウ・ボッ
房	8	ボウ
茅	11	ボウ・ミョウ
冒	9	ボウ

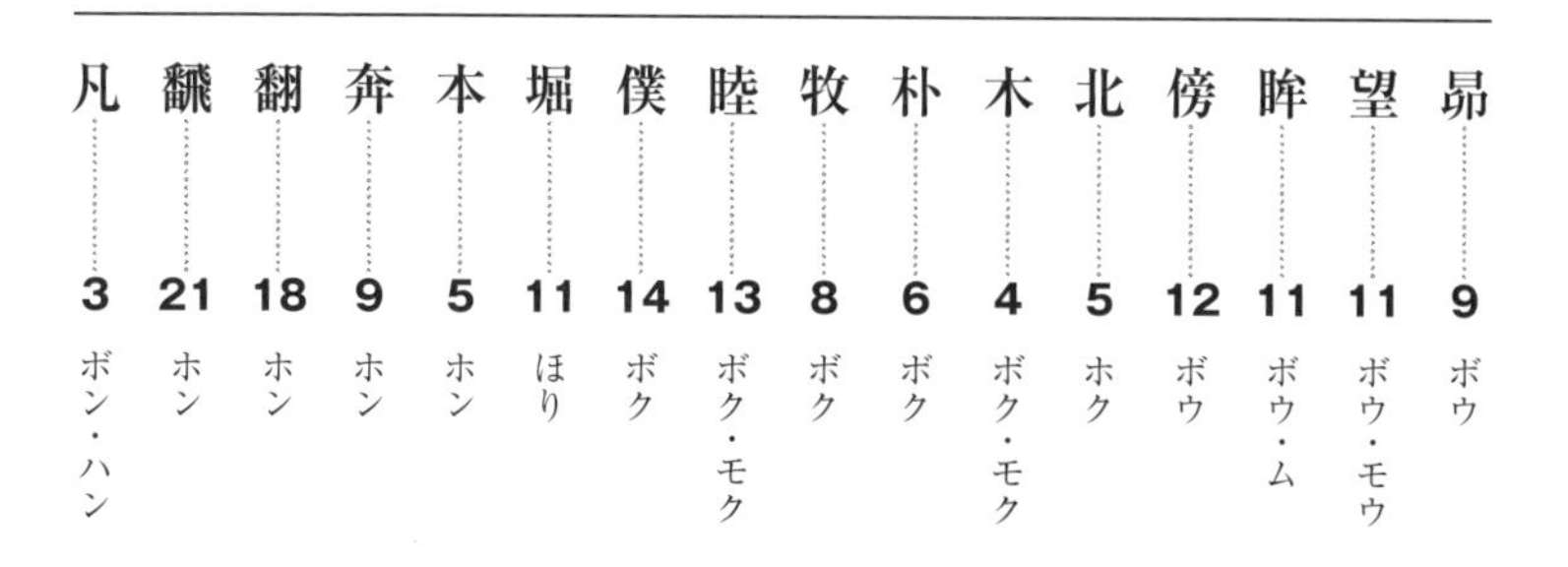

漢字	画数	読み
昴	9	ボウ
望	11	ボウ・モウ
眸	11	ボウ・ム
傍	12	ボウ
北	5	ホク
木	4	ボク・モク
朴	6	ボク
牧	8	ボク
睦	13	ボク・モク
僕	14	ボク
堀	11	ほり
本	5	ホン
奔	9	ホン
翻	18	ホン
飜	21	ホン
凡	3	ボン・ハン

ま

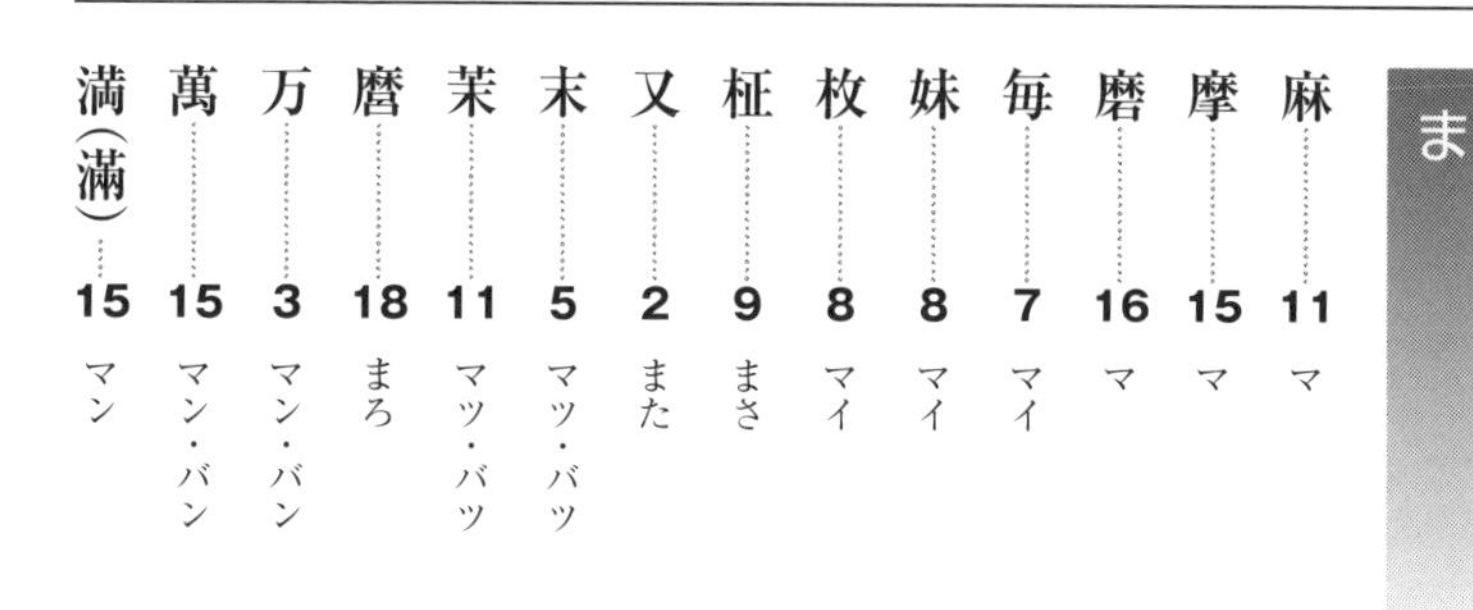

漢字	画数	読み
麻	11	マ
摩	15	マ
磨	16	マ
毎	7	マイ
妹	8	マイ
枚	8	マイ
柾	9	まさ
又	2	また
末	5	マツ・バツ
茉	11	マツ・バツ
麿	18	まろ
万	3	マン・バン
萬	15	マン・バン
満（滿）	15	マン

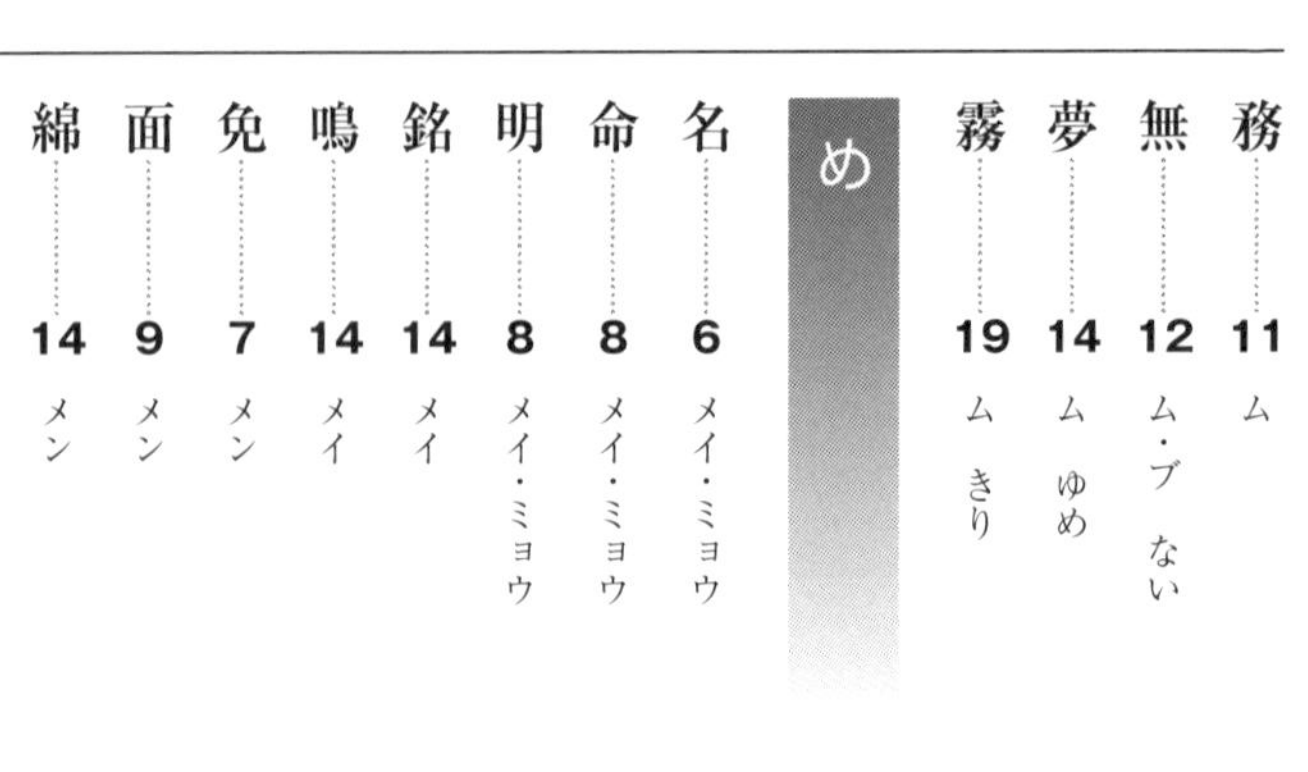

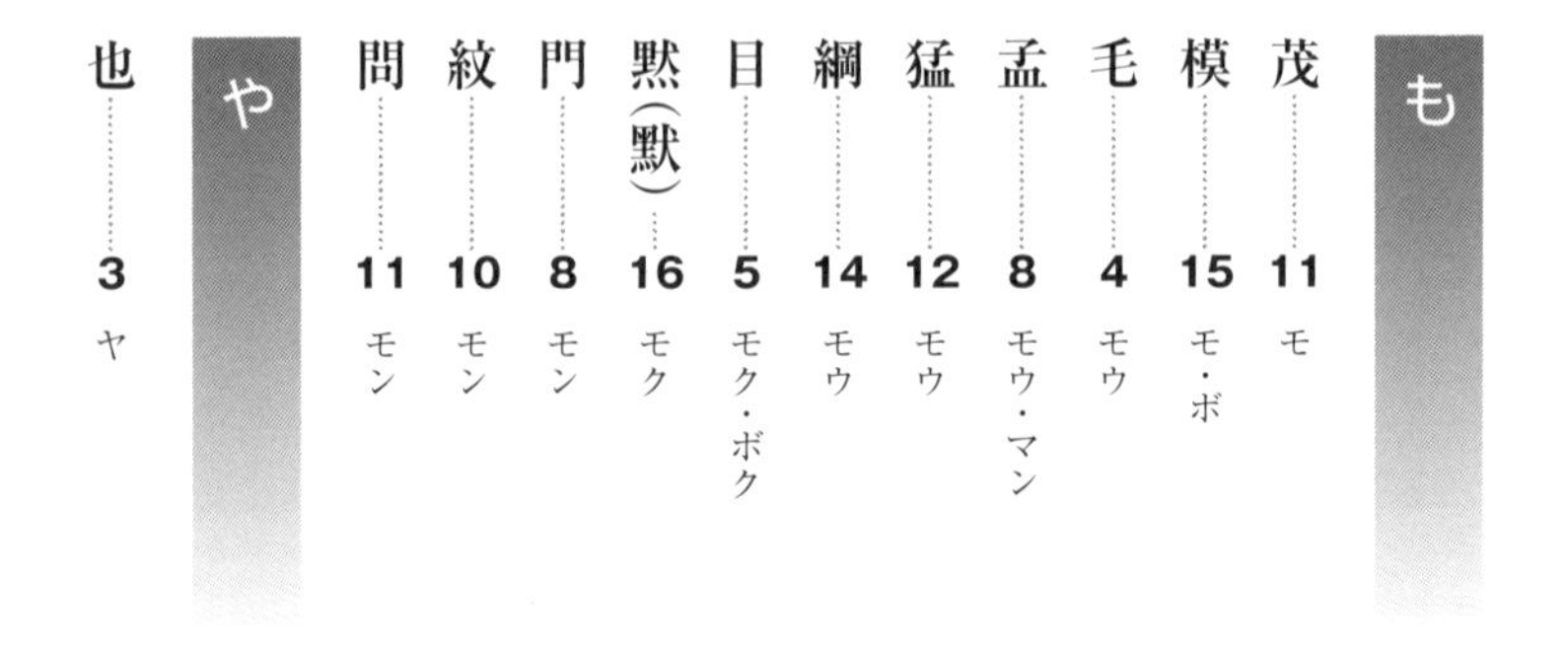

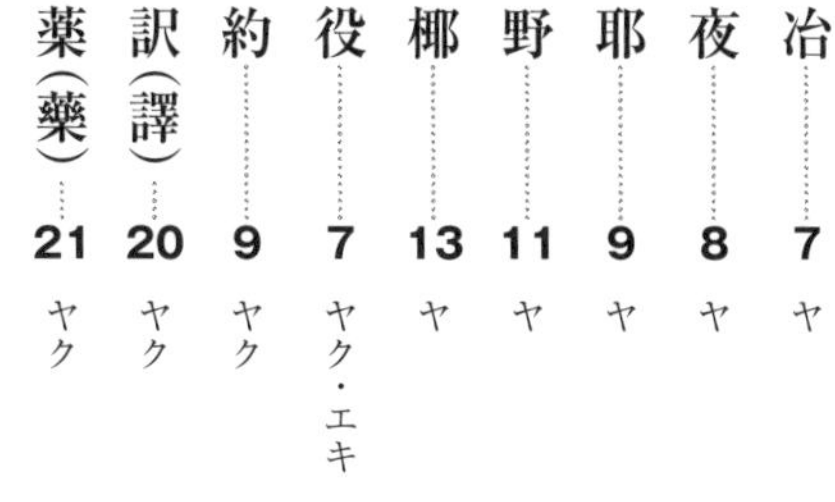

漢字	画数	読み
冶	7	ヤ
夜	8	ヤ
耶	9	ヤ
野	11	ヤ
椰	13	ヤ
役	7	ヤク・エキ
約	9	ヤク
訳（譯）	20	ヤク
薬（藥）	21	ヤク

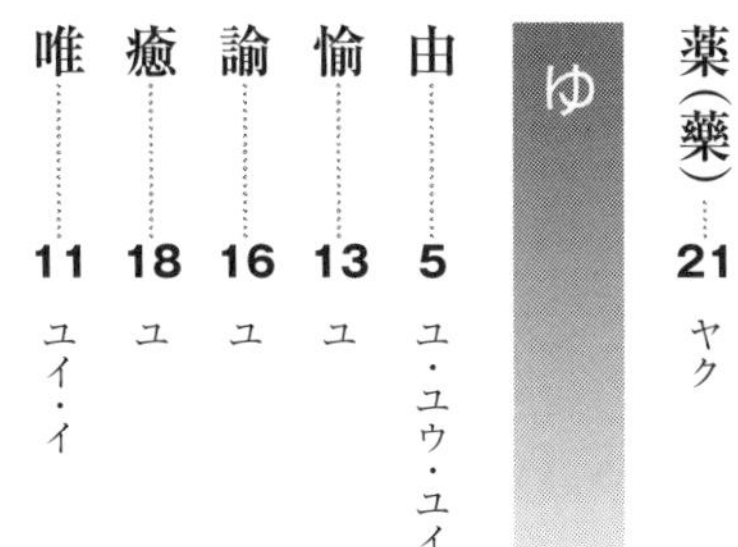

ゆ

漢字	画数	読み
由	5	ユ・ユウ・ユイ
愉	13	ユ
諭	16	ユ
癒	18	ユ
唯	11	ユイ・イ

漢字	画数	読み
友	4	ユウ
有	6	ユウ・ウ
佑	7	ユウ・ウ
邑	7	ユウ
酉	7	ユウ　とり
侑	8	ユウ・ウ
勇	9	ユウ
幽	9	ユウ
宥	9	ユウ
柚	9	ユウ・ジク
祐	10	ユウ
悠	11	ユウ
裕	13	ユウ　ひろ
遊	16	ユウ・ユ
雄	12	ユウ
熊	14	ユウ

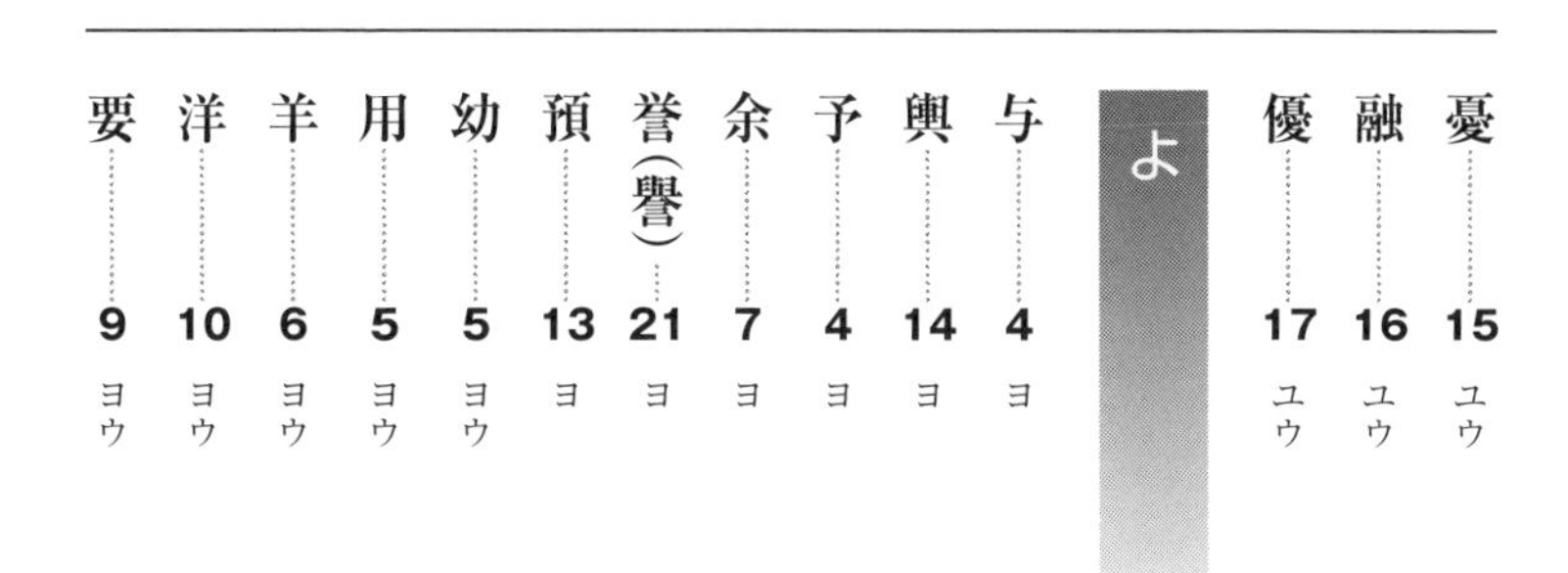

漢字	画数	読み
憂	15	ユウ
融	16	ユウ
優	17	ユウ

よ

漢字	画数	読み
与	4	ヨ
與	14	ヨ
予	4	ヨ
余	7	ヨ
誉（譽）	21	ヨ
預	13	ヨ
幼	5	ヨウ
用	5	ヨウ
羊	6	ヨウ
洋	10	ヨウ
要	9	ヨウ

漢字	画数	読み	名乗り
容	10	ヨウ	
庸	11	ヨウ	
揚	13	ヨウ	
湧	13	ヨウ・ユウ	
葉	15	ヨウ	
陽	17	ヨウ	
遥（遙）	17	ヨウ	
溶	14	ヨウ	
楊	13	ヨウ	
瑶（瑤）	15	ヨウ	
蓉	16	ヨウ	
様（樣）	15	ヨウ	
踊	14	ヨウ	
窯	15	ヨウ	
養	15	ヨウ	

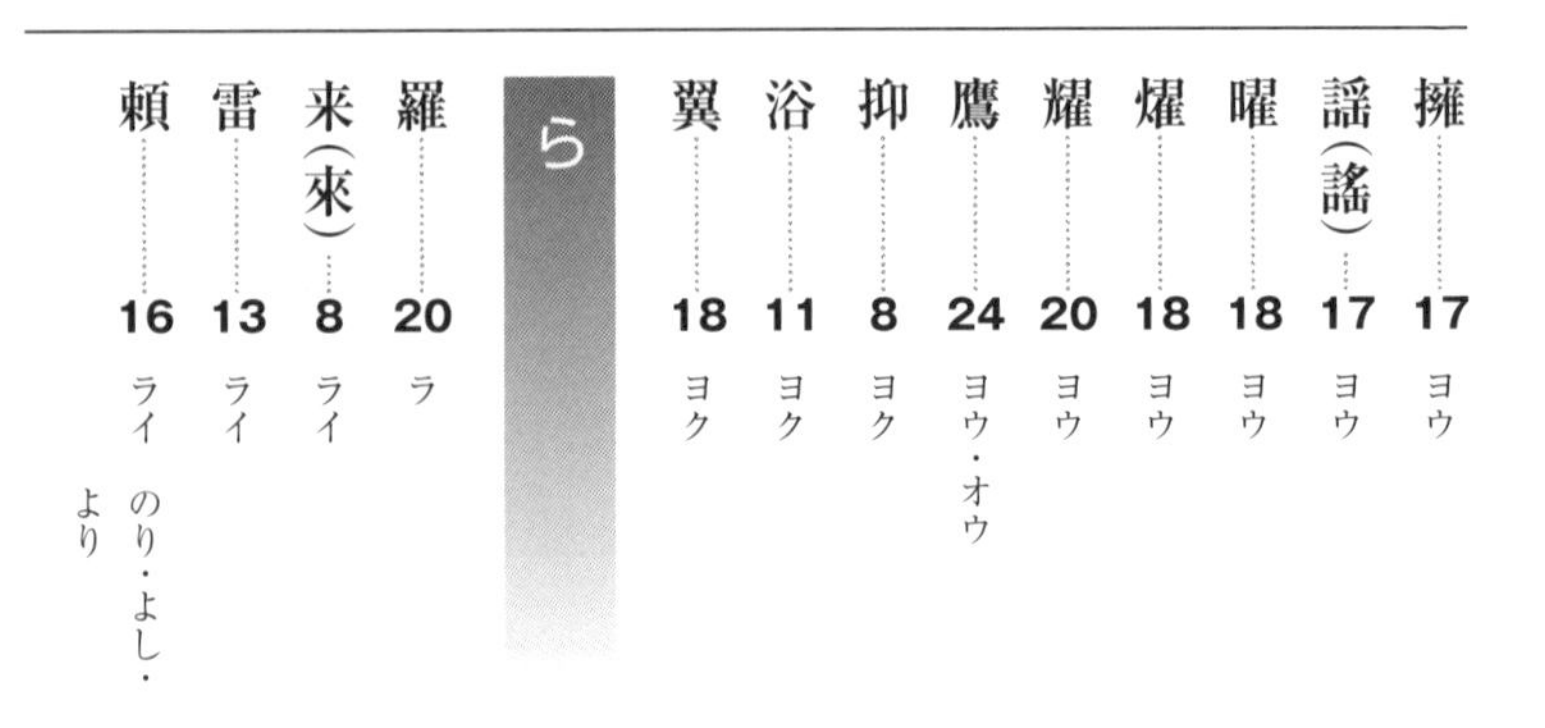

漢字	画数	読み	名乗り
擁	17	ヨウ	
謡（謠）	17	ヨウ	
曜	18	ヨウ	
燿	18	ヨウ	
耀	20	ヨウ	
鷹	24	ヨウ・オウ	
抑	8	ヨク	
浴	11	ヨク	
翼	18	ヨク	

ら

漢字	画数	読み	名乗り
羅	20	ラ	
来（來）	8	ライ	
雷	13	ライ	
頼	16	ライ	のり・よし・より

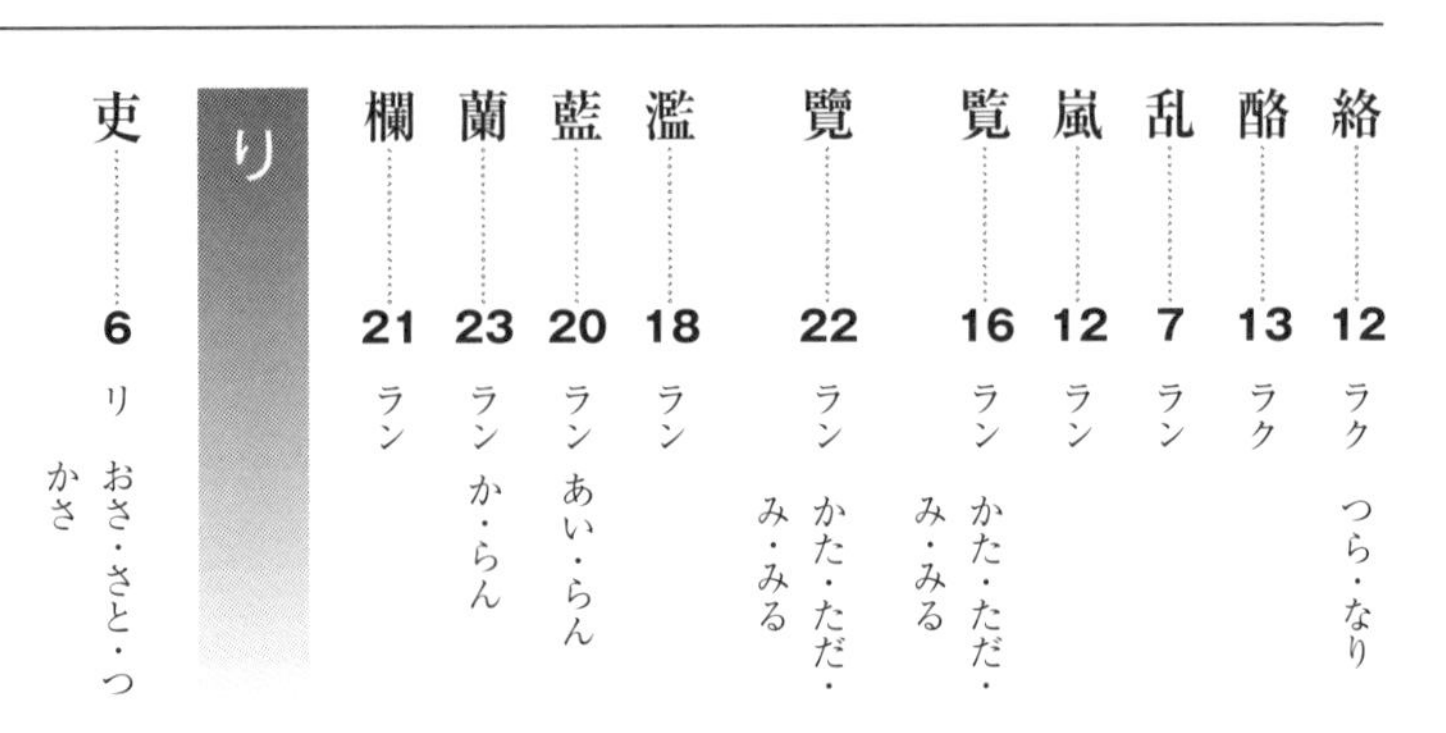

漢字	画数	読み	名乗り
絡	12	ラク	つら・なり
酪	13	ラク	
乱	7	ラン	
嵐	12	ラン	
覧	16	ラン	かた・ただ・み・みる
覽	22	ラン	かた・ただ・み・みる
濫	18	ラン	
藍	20	ラン	あい・らん
蘭	23	ラン	か・らん
欄	21	ラン	

り

漢字	画数	読み	名乗り
吏	6	リ	おさ・さと・つかさ

漢字	画数	読み
利	7	リ
里	7	リ　さとし・のり
李	7	リ　すもも・もも・り
莉	13	リ　まり・り
理	12	リ
梨	11	リ　なし・り
履	15	リ
璃	16	リ　あき・り
鯉	18	リ　こい・り
離	19	リ　あきら・つら
陸	16	リク
立	5	リツ・リュウ
律	9	リツ・リチ
栗	10	リツ・レツ
柳	9	リュウ

漢字	画数	読み
流	10	リュウ・ル
留	10	リュウ・ル　と・とめ・ひさ
竜	10	リュウ
龍	16	リュウ
隆	17	リュウ
瑠	15	リュウ・ル
旅	10	リョ　たび・たか・もろ
慮	15	リョ
了	2	リョウ
両（兩）	8	リョウ
良	7	リョウ
亮	9	リョウ
料	10	リョウ
凌	10	リョウ

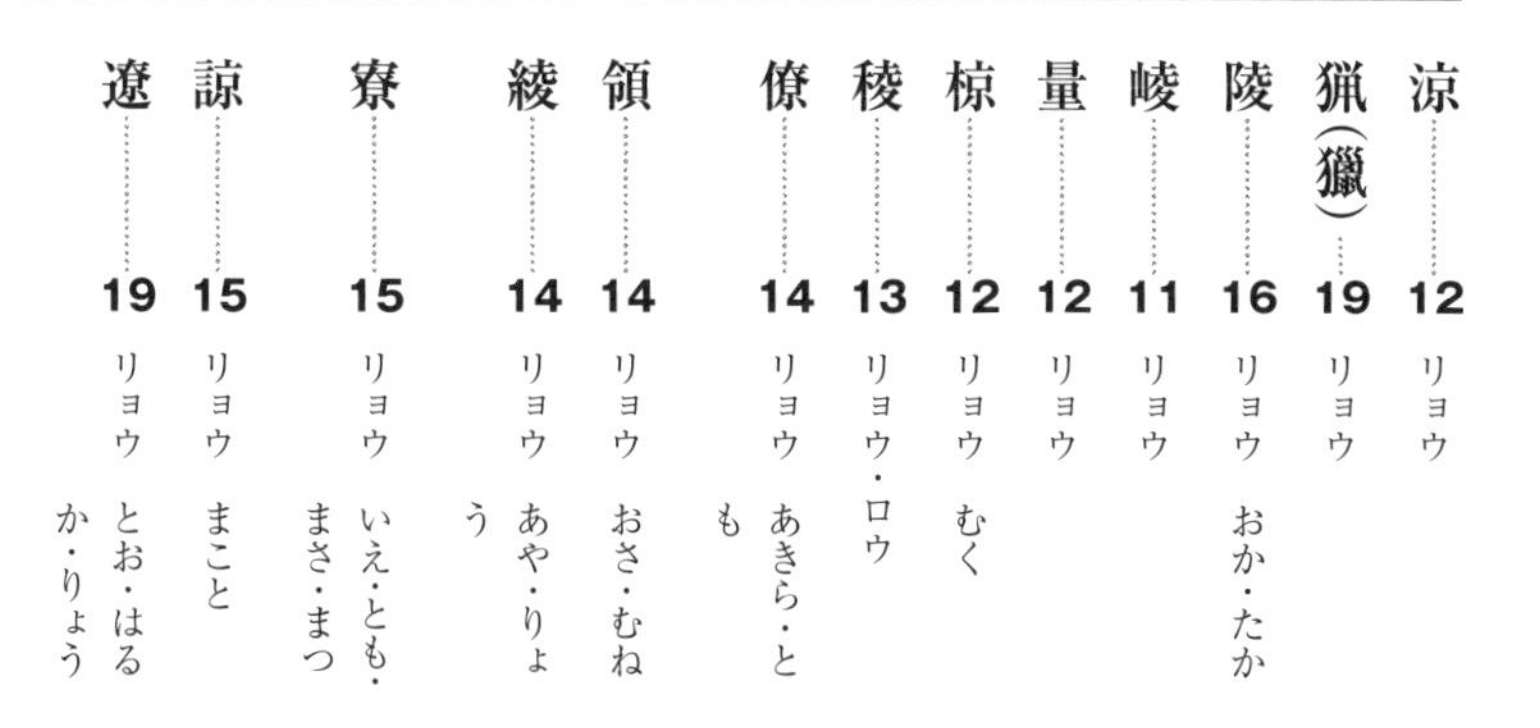

漢字	画数	読み
涼	12	リョウ
猟（獵）	19	リョウ
陵	16	リョウ　おか・たか
崚	11	リョウ
量	12	リョウ
椋	12	リョウ　むく
稜	13	リョウ・ロウ
僚	14	リョウ　あきら・とも
領	14	リョウ　おさ・むね
綾	14	リョウ　あや・りょう
寮	15	リョウ　いえ・とも・まさ・まつ
諒	15	リョウ　まこと
遼	19	リョウ　とお・はるか・りょう

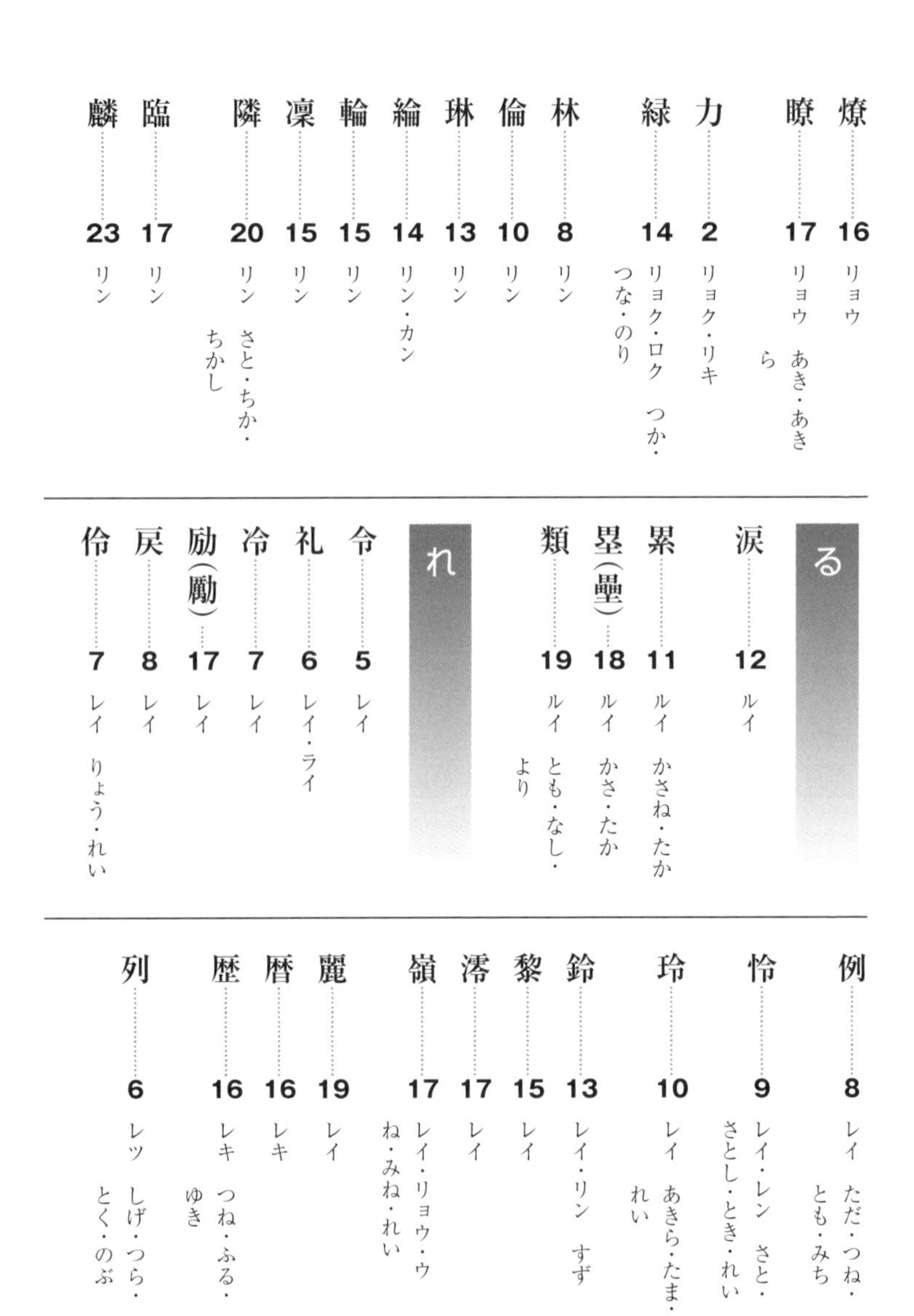

燎……16 リョウ
瞭……17 リョウ あき・あきら
力……2 リョク・リキ
緑……14 リョク・ロク つか・つな・のり
林……8 リン
倫……10 リン
琳……13 リン
綸……14 リン・カン
輪……15 リン
凜……15 リン
隣……20 リン さと・ちか・ちかし
臨……17 リン
麟……23 リン

る

涙……12 ルイ
累……11 ルイ かさね・たか
塁(壘)……18 ルイ かさ・たか
類……19 ルイ とも・なし・より

れ

令……5 レイ
礼……6 レイ・ライ
冷……7 レイ
励(勵)……17 レイ
戻……8 レイ
伶……7 レイ りょう・れい
例……8 レイ ただ・つね・とも・みち
怜……9 レイ・レン さと・さとし・とき・れい
玲……10 レイ あきら・たま・れい
鈴……13 レイ・リン すず
黎……15 レイ
澪……17 レイ
嶺……17 レイ・リョウ・ウ ね・みね・れい
麗……19 レイ
暦……16 レキ
歴……16 レキ つね・ふる・ゆき
列……6 レツ しげ・つら・とく・のぶ

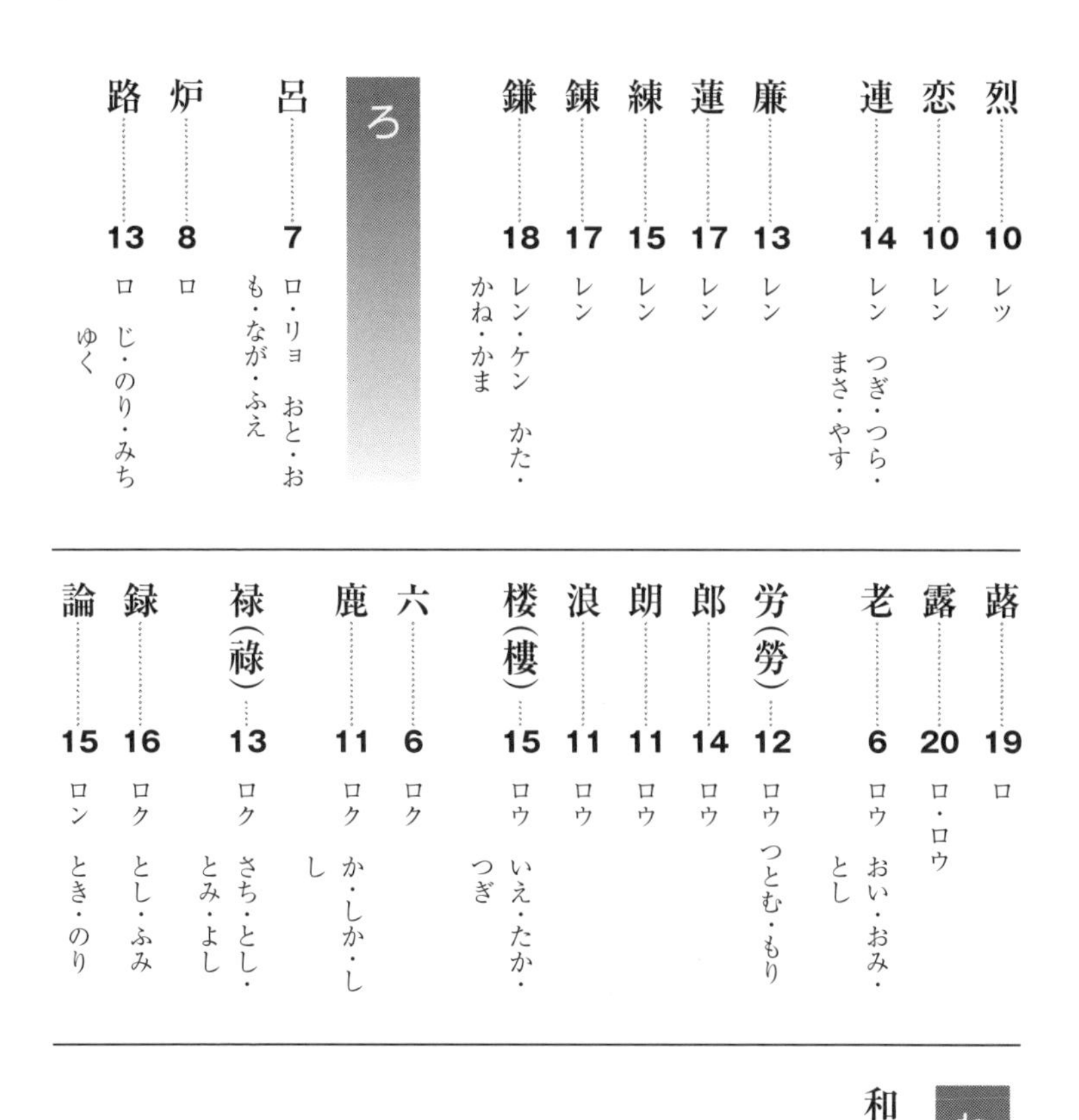

漢字	画数	読み
烈	10	レツ
恋	10	レン
連	14	レン　つぎ・つら・まさ・やす
廉	13	レン
蓮	17	レン
練	15	レン
錬	17	レン
鎌	18	レン・ケン　かた・かね・かま

ろ

漢字	画数	読み
呂	7	ロ・リョ　おと・おも・なが・ふえ
炉	8	ロ
路	13	ロ　じ・のり・みち・ゆく
蕗	19	ロ
露	20	ロ・ロウ
老	6	ロウ　おい・おみ・とし
労（勞）	12	ロウ　つとむ・もり
郎	14	ロウ
朗	11	ロウ
浪	11	ロウ
楼（樓）	15	ロウ　いえ・たか・つぎ
六	6	ロク
鹿	11	ロク　か・しか・しし
禄（祿）	13	ロク　さち・とし・とみ・よし
録	16	ロク　とし・ふみ
論	15	ロン　とき・のり

わ

漢字	画数	読み
和	8	ワ・オ

参考図書

高橋秀齊『ずばり！ 開運姓名判断』主婦の友社
油井秀允『絶対運がよくなる ビジネスネームの名付け方』クロスメディア・パブリッシング
なかやまうんすい『金運力―大金持ちには「名前の法則」があった』河出書房新社
源真里『姓名分析―運の不思議を解き明かす』説話社
平木場泰義『姓名学の知識』神宮館
吉川博永『よい名前の条件と改名法』日本文芸社
高梨公之『名前のはなし』東京書籍
舛岡はなゑ『斉藤一人 開運つやメイクと魔法の法則』ＰＨＰ研究所
平野友彬『三種の神技―玉寿の姓名判断』人間社
山下悦史『本当に知っておきたい名前の持つ運勢と付け方』鳥影社
文屋圭雲『姓名判断』ナツメ社

著者紹介

山本若世（やまもと　わかよ）

「いろはに千鳥」専属占い師

20代に大病を患うも自然療法の力や周りの人に支えられて回復。近所の占い師に姓名判断を受けて30歳になって改名し、36歳で開運占いのサロンGreen Essenceの経営を始める。現在は、テレビ埼玉『いろはに千鳥』に出演し、芸人ダイアンのユースケの改名を提案するなど、芸能人、一般の方の改名や手相など運勢鑑定をしている。九星気学の教室も開催。その他にも、美容や健康増進のためのベトナム式顔反射区美容療法や、自然美肌力を高めるフルハンドトリートメントにより、日々、疲れやストレスを抱えている人を癒し続けている。

●山本若世 Green Essence　サロン ホームページ
http://www.green-essence.info/

得する「なまえ」×損する「なまえ」

2020年3月18日　第1版第1刷発行

著　者　山本　若世
発行所　WAVE出版
〒102-0074 東京都千代田区九段南 3-9-12
TEL 03-3261-3713　FAX 03-3261-3823
振替 00100-7-366376
E-mail：info@wave-publishers.co.jp

編集協力　栗原潤子
装丁・本文デザイン・DTP　田中真琴
印刷・製本　中央精版印刷株式会社

NDC360　176P　19cm　ISBN978-4-86621-276-0